sonas, para reflexionar sobre lo que significa ser "la extraña" en la academia: ese exclusivo símbolo de diversidad que sigue siendo foráneo. Inquebrantable en su claridad y compasión, este poderoso libro nos recuerda que la verdadera pertenencia proviene de construir comunidades activamente, sin miedo a centrar el cuidado y la rebeldía. Todo el mundo debería leerlo".
—**Maaza Mengiste**, autora de *The Shadow King*

"¿Qué significa enseñar para la libertad?" pregunta la Dra. García Peña y con audacia nos llama a su práctica a través de las fronteras vigiladas de la disciplina, la nación, las tradiciones teóricas y las arraigadas categorías raciales. Una pensadora de gran capacidad, investigadora rigurosa, activista brillante y pionera académica, la Dra. García Peña nos llama, como ella escribe, a "interesarnos en las brechas históricas" por historias subyugadas durante tanto tiempo y nos alerta de las formas en que estas brechas han sido históricamente cavadas en formas extractivas al servicio de proyectos coloniales y llamamientos neoliberales de diversidad. Su asombrosa obra nos reúne bajo su amplio dosel para tramar y perseverar hacia la rebelión y renovación comunal". —**Deborah Paredez**, Universidad de Columbia

"Con su característica claridad, valentía y convicción, Lorgia García Peña recurre a su extraordinaria historia como académica y activista comprometida para demostrar la necesidad de vivir en comunidad y acompañar a otras personas como la clave, tanto para la liberación personal, como para la transformación social".
—**George Lipsitz**, autor de *The Possessive Investment in Whiteness*

"*La comunidad como rebelión* es, en parte, una exposición incisiva y profundamente personal de la universidad neoliberal y sus prácticas racializantes y patriarcales de denigrar a las académicas de color mientras extraen su labor intelectual, administrativa y emocional. Pero es, sobre todo, un mandato a transformar la educación superior que empieza con el reconocimiento de nuestra mutua obligación, con nosotros y con el mundo que estudiamos, extendiendo la "comunidad" más allá de la torre de marfil, y cocreando con nuestros estudiantes nuevos espacios intelectuales y autónomos. Lorgia García Peña escribió este libro no a partir de un sueño o de una teoría abstracta sino desde su propia experiencia con la construcción de comunidades rebeldes por más de una década. Sabe que no puede haber educación libre sin libertad". —**Robin D. G. Kelley,** autor de *Freedom Dreams: The Black Radical Imagination*

LA COMUNIDAD COMO REBELIÓN

Curso para sobrevivir en la academia siendo una mujer de color

Lorgia García Peña

Traducción de Kianny N. Antigua

Haymarket Books
Chicago, Illinois

Publicado en 2023 por
Haymarket Books
P.O. Box 180165
Chicago, IL 60618
773-583-7884
www.haymarketbooks.org
info@haymarketbooks.org

ISBN: 978-1-64259-986-2

Distribuido en los EEUU por Consortium Book Sales
and Distribution (www.cbsd.com) y al resto del mundo por
Ingram Publisher Services International (www.ingramcontent.com).

Illustración de cubierta desde *Fire* de Teresita Fernández.
Diseño de cubierta de Rachel Cohen.

Está disponible información de Library of Congress Catalo-
ging-in-Publication.

10 9 8 7 6 5 4 3 2 1

A bell hooks, in memoriam

A las mujeres de color cuyas espaldas han sido mi puente

A mis estudiantes, que me construyeron una casa
en este alambre de púas que es la academia

CONTENIDO

Requisitos del curso   xi

Nota de traducción   xii

Prefacio   xiii

Objetivos del curso:
  Cuando eres "La única"   1

Lista de lecturas:
  La complicidad con la blanquitud no te salvará   37

Examen parcial:
  La enseñanza como acompañamiento   63

Examen final:
  Estudios étnicos como método anticolonial   95

Agradecimientos   115

Notas   118

Índice   126

REQUISITOS DEL CURSO

1. Un corazón abierto
2. Una mente flexible
3. El deseo de ser parte de la suma, y no solo una parte
4. Paciencia

Ayuda recomendada

1. La compañía de amistades
2. Una bebida caliente
3. Un lugar cómodo donde sentarte o recostarte
4. Una ventana por donde entren los rayos de sol

Lecturas adicionales

On Being Included, de Sara Ahmed

Esta puente, mi espalda: Voces de mujeres tercermundistas en los Estados Unidos, editado por Ana Castillo y Cherríe Moraga (*en inglés: This Bridge Called My Back*, ed. por Gloria Anzaldúa y Cherríe Moraga)

Levente no. yolayorkdominicanyork, de Josefina Báez

"Crítica poscolonial desde las prácticas políticas del feminismo antirracista." *Nómadas* 26, no. 1 (2007): 92-101." de Ochy Curiel.

Abolition. Feminism. Now. de Angela Y. Davis, Gina Dent, Erica R. Meiners y Beth E. Richie

"Teaching Community: A Pedagogy of Hope", de bell hooks

Plantation Memories: Episodes of Everyday Racism, de Grada Kilomba

Sister Outsider: Essays and Speeches, de Audre Lorde

Feminism without Borders, de Chandra Talpade Mohanty

How We Get Free: Black Feminism and the Combahee River Collective, editado por Keeanga-Yamahtta Taylor

RESPECTO A ESTA TRADUCCIÓN

Lectores querides, ante todo, gracias por su valiosa lectura. Este poderoso "curso" merece nuestra curiosidad y acción. Con esta nota, tanto la autora como una servidora, queremos dejar constancia de que las terminologías de género, raza y etnia al igual que las académicas usadas para esta edición en español fueron intencionadas; escogidas o creadas cada una por sus distintas acepciones y fuerza, tratando primordialmente de transcribir, más que traducir, la semántica del texto original a una lengua desigual y para tantas otras geografías. Las de género: siendo este un texto dirigido a académicas y grupos minorizados, nos pareció desproporcional (una vaina, la verdad) usar el genérico masculino; así que optamos por el genérico femenino (con algunos momentos excepcionales en que usamos neutral para facilitar la comprensión del texto) y, de ese modo ¡sean todas bienvenidas! En el caso de los términos académicos y étnicos, nuestra decisión se fomentó en los múltiples contextos institucionales existentes, con la finalidad de ser inclusivas ante las evolutivas variantes y vertientes de esta lengua que nos une.

En sus manos,

Kianny N. Antigua
Traductora

PREFACIO

Mi familia dice que yo nací rebelde. De niña, me acostumbré a escuchar a la gente describirme como "malcriá", siempre metiéndome en problemas, siempre abriendo la boca cuando se suponía que me quedara callada. Una de mis primeras armas de rebeldía fue mi cabello. Yo crecí en una cultura predominantemente afrodescendiente en la que se esperaba (y se espera) que las niñas se alisen el pelo con productos químicos y peines calientes o, en cambio, que se lo amarren y se lo aprieten hasta la sumisión. Se juzgaba a las madres por el estado del cabello de sus pequeñas. Por lo tanto, todas las niñas éramos instruidas en el mismo ritual de hacer desaparecer los rizos para convertirnos en "hermosas". Desde muy temprana edad me negué a estos rituales, gritando y pateando cada vez que alguien intentaba (en vano) "domar" mi cabello. Tan pronto como mi mamá me envolvía el pelo en cinco moñitos (extremadamente apretados), yo me los soltaba, dejando que mis rizos volaran con libertad. Los niños me gritaban: "¡Pajonúa, greñúa!" (dominicanismos para describir a una niña o mujer con el cabello "desordenado", "rebelde" o "malo"). Las monjas de mi escuela me disciplinaban, me advertían que el futuro de las niñas rebeldes era el infierno. Las dulces hermanas de la iglesia trataban de persuadirme con lindas cintas y lazos para el cabello, y me mostraban fotografías de niñas blancas "bonitas con el pelo domado". Nada funcionó.

En la República Dominicana de la década de 1970, llevar el cabello natural era similar a una rebelión. Las mujeres activistas que se alinearon con la revolución socialista dejaban crecer sus afros o se soltaban los rizos. Una táctica común del régimen represivo de Joaquín Balaguer (1966-1978) era acorralar a las mujeres con afros y meterlas en la cárcel o afeitarles las cabezas frente a una multitud para darles una lección. Yo ignoraba por completo esta violencia. Mientras crecía en el terruño, en las décadas de los ochenta y noventa; lo único que sabía era que necesitaba que mi cabello fuera libre.

El verano que cumplí los once años, mi mamá, cansada de lidiar con mi cabellera rebelde, me mandó a casa de mi abuela con la tarea de que me "arreglara ese pelo" de una buena vez. Mi abuela y yo fuimos juntas al mercado en busca de aceite de coco y manteca de cacao para hacer un brebaje que me "suavizaría los rizos" y los hiciera "más fáciles de manejar". De camino a casa, nos topamos con una vieja amiga de la familia. Doña Yolanda era una señora delgada con el pelo largo, negro, súper lacio y brilloso, el cual siempre llevaba recogido en una cola. Después de posar sus ojos sobre mí, doña Yolanda soltó un sonoro jadeo: "¡Dios mío! ¿Esa es la chiquita de Maritza?". Sacudió la cabeza en desaprobación y continuó: "Qué niña tan bonita, ¡pero ese pelo tan feo la daña! Tú tienes que hacer algo al respecto, Altagracia. La gente ya está comenzando a cuestionar la manera de criar de tu hija. A esta niña hay que ponerla en su lugar inmediatamente, ¡o le traerá vergüenza a tu familia!"

Doña Yolanda hablaba con mi abuela como si yo no hubiera estado ahí, como si de alguna manera el cabello me bloqueara la audición. Mi abuela asintió y suspiró bajito. Ninguna de las mujeres me miró. Mientras caminábamos a casa en silencio, mantuve la mirada baja. Por mis mejillas cayeron lágrimas tibias. Yo estaba acostumbrada a que los niños se burlaran de mí en la escuela. El constante regaño de las monjas no me desconcertaba; yo no creía en sus amenazas. Hasta ese momento (el ver a mi abuela suspirar en lo que percibí como vergüenza y resignación) no me había dado cuenta de que mi pelo "malo" se reflejaba en toda mi familia. La vergüenza me abrumaba.

Cuando llegamos a la casa, rompí nuestro silencio, las palabras se me desparramaron: "¡Voy a dejar que me arregle el pelo, o que me lo corte, o lo que quiera! No me voy a quejar. Siento haberle causado vergüenza a mi familia. No lo hice aposta. Es que no me gusta tener el pelo restringido. Me hace doler la cabeza. Me hace sentir mal. No soy yo. Pero no me importa. No me voy a quejar, dejaré que me lo amarre". No sé lo que sorprendió más a mi abuela, mis palabras o mis lágrimas. Ella también empezó a llorar.

Puso las fundas del mercado en el suelo y con ternura me tocó el cabello, alejándolo de mi cara. Se tomó su tiempo para desenredar los rizos, los amoldó hacia arriba y hacia afuera antes de guiarme a un pequeño espejo que mi abuelo había colgado en una mata de mango en el patio para afeitarse. Tenía el pelo tan grande que no cabía en el marco. Ambas nos reímos cuando dijo: "¡Echa para atrás para que puedas ver!". Era una tarde soleada y mis rizos rojizos reflejaban la luz como si estuvieran en llamas. Mis ojos, llenos de lágrimas, aguijonados por el reflejo. Me di la vuelta y comencé a decir que lo sentía de nuevo, pero mi abuela acunó mi rostro en sus manos, luego me volvió lentamente hacia el espejo. Se paró detrás de mí y me pidió que mirara otra vez. "Yo veo tu fuego", dijo, antes de agregar: "Tu cabello es tu arma y tu corona". Y luego, esponjándolo un poco más, añadió: "¡Déjalo rugir!".

Imagino que ella debió haber compartido esto con mi mamá y mis tías, porque en la familia no se volvió a hablar más de domarme el cabello.

La rebelión, dice mi mamá, está en mi naturaleza: "Tú naciste rebelde", expresa siempre que comparto con ella los cuentos sobre las peleas que echo en el trabajo y para apoyar a mis estudiantes. Ahora ella está orgullosa de mi naturaleza rebelde. Cuando le pregunto por el motivo exacto por el que piensa que nací rebelde, me cuenta la historia de cómo los disturbios del 16 de agosto le habían adelantado el parto, "como si tú hubieras querido salir con los puños listos para unirte a los rebeldes". Tras fuertes medidas de austeridad y una huelga general, la gente había tomado las calles de Santo Domingo. Quemaron gomas, tiraron piedras y se enfrentaron a la policía. Mi mamá recuerda estar en su escritorio, empacando para regresar a casa, a un lugar seguro, cuando rompió fuente: "¡Era demasiado temprano!". La llevaron de urgencia al hospital en medio del caos; mi papá, que se había unido a los manifestantes, no aparecía por ningún lado. Cuando llegó al hospital en el centro de la ciudad, lista para parir, cambié de posición; cabeza hacia arriba y piernas cruzadas, negándome a salir a petición. Mi mamá, que ya había parido en tres ocasiones, no podía creer mis acrobacias. "Yo sabía que esta no sería fácil", recuerda, riéndose mientras cuenta la historia una y otra vez. "Después de tres hijos, esta, la última, vino como le dio la gana, y lo que yo quería no importó. Ella nació rebelde".

Por mucho que disfruto escuchar la historia de mi nacimiento, no estoy de acuerdo con mi mamá. Yo no nací rebelde; me criaron en rebelión. Mi familia, mi comunidad, mi abuela, mis tías, no solo la permitían, la fomentaban. Vieron una pequeña llama en mis ojos, y la alimentaron, con cuidado, con calidez y, a veces, con furia. Fue su comunidad la que hizo posible mi rebelión.

Este libro es tanto una ofrenda a la comunidad, como un llamado a la rebelión. Surge de un profundo deseo de honrar a las mujeres que han hecho posible mi vida (como he elegido vivirla, en libertad y rebelión). Mujeres de mi sangre y mi familia elegida, antepasadas y amigas, mujeres que nunca conocí y mujeres cuyos caminos se han cruzado con los míos. Mi escritura viene de un lugar de profunda gratitud y humildad al reconocer todo lo que soy como el resultado de un proceso colectivo de transformación que está informado por conocimientos comunales e imaginaciones compartidas. Yo soy los sueños realizados de mi madre, la venganza hecha realidad de mi abuela, la peor pesadilla del patriarcado, un testimonio del poder de la resistencia anticolonial. Yo soy todas ellas (esas a las que, quienes robaban tierras y esclavizaban gente, temían); la rebelión es mi derecho de nacimiento. Este libro es un altar de palabras sobre el cual se depositan esperanzas colectivas por la posibilidad de sueños radicales, de desagravio, restitución, reparación y triunfo.

Empecé a escribir *La comunidad como rebelión* (*Community as Rebellion*) como una carta a mis alumnas, a principios de la primavera de 2019. Después de asistir a una conferencia académica en 2018, en la que mis amigas y colegas de estudios dominicanos, Sharina Maillo-Pozo y Elizabeth Manley y yo nos sentimos excluidas y silenciadas, decidimos armar un simposio sobre el futuro de los estudios dominicanos que centraría el trabajo de jóvenes estudiosas en el campo. Cinco meses después, "Dominicanidades Globales" (*Global Dominicanidades*) se llevó a cabo en Cambridge, Massachusetts. El evento de un día convocó docenas de jóvenes académicas, la mayoría mujeres de color, emparejadas con académicos experimentados en el campo para crear un ambiente de apoyo y tutoría que reconoció los desafíos que los escenarios de conferencias tradicionales han generado para muchas de nosotras, mujeres, personas de color (POC, según sus siglas en inglés) y académiques queer que trabajamos en contradicción con el saber eurocéntrico hegemónico. Compartimos nuestro trabajo, proveímos retroalimentación y apoyo mutuo y, lo más importante, construimos una red y una comunidad donde nos sentimos seguras para rebelarnos.

Mientras reflexionaba acerca de ese día, y mientras los correos electrónicos de agradecimiento seguían llegando a borbotones, comencé a escribir estas páginas. Estaba claro que el espacio que Sharina, Beth y yo habíamos creado era más que un evento de trabajo. Habíamos abierto un espacio desde el cual otra manera de imaginar la academia y la universidad es posible; nuestra comunidad contradijo la violencia que tantas de nosotras experimentamos en nuestras instituciones. Yo quería más.

Durante casi dos décadas, desde que comencé mi trayectoria académica como estudiante de doctorado en la Universidad de Michigan en 2003, he tratado de darle sentido a mi lugar en la academia y en la universidad como afrolatina inmigrante cuyo trabajo está firmemente arraigado en el conocimiento y las historias que han sido subyugadas por los programas y campos universitarios tradicionales. Mis experiencias de incomodidad y el sentir de no pertenecer en estos espacios universitarios, predominantemente blancos y altamente elitistas han sido formativos para quien soy hoy como académica, maestra y mentora; definen cómo me muevo en el espacio que es mi trabajo y una parte importante en mi vida.

Por años consideré mi falta de pertenencia como una carga, como algo que debía superar para tener éxito. Ahora es una insignia de honor: mi des-pertenencia con la academia es tan natural como mi pelo. Es una señal de todo lo que debe terminar para que todas vivamos vidas plenas: el racismo, la desigualdad, las estructuras coloniales, el patriarcado, la homofobia. Mientras me doy cuenta de la belleza que es mi incomodidad dentro de la academia, también añoro crear condiciones de rebelión y libertad para las estudiantes a quienes sirvo y para la nueva generación de colegas que tengo el honor de apoyar. Pero al compartir estas experiencias e ideales públicamente, en múltiples espacios dentro y fuera de la universidad, también se hace evidente que estos desafíos no son exclusivos de la academia. Las personas que estamos hechas para no pertenecer, experimentamos la violencia de la exclusión en todas partes. Mi desvinculación con la universidad viene de las estructuras del colonialismo y el racismo que continúan, hasta la fecha, dándole forma a todas nuestras instituciones: la nación, nuestras escuelas, nuestro sistema de justicia. Están arraigados en el tejido de nuestra sociedad;

por lo tanto, para cambiarlo, necesitamos más que inclusión y diversidad; necesitamos revolución y renacimiento. Tenemos que empezar de nuevo desde un lugar en el que las vidas y las experiencias de las personas que han sido silenciadas y excluidas sean el centro.

Conferencia Global de Dominicanidades, Universidad de Harvard, 2019

Así que me senté a escribir una carta (una diatriba, en verdad), a mis alumnas, a las mujeres y a las académicas de color que se identifican como queer, cuya trayectoria fuera similar a la mía. Escribí como si mis palabras pudieran conjurar su sufrimiento, como si estas palabras pudieran ser un antídoto para ese sufrimiento. Mi deseo es que las lecciones que he aprendido en las últimas dos décadas en la academia nos unan en comunidad, que puedan acompáñarlos en nuestro camino y hacernos sentir nuestro poder. Las historias que aparecen a lo largo de este libro son compartidas a sabiendas de que

otros caminos son posibles y con la convicción de que esa posibilidad reside precisamente en la comunidad. Este libro es entonces un
intento muy personal de abrazarnos, de acercarnos cuidadosamente
a un espejo en el que nuestros fuegos se reflejen colectivamente
hacia nosotras, liberando nuestra comunidad en rebelión.

1.

OBJETIVOS DEL CURSO

Cuando eres "La única"

> El blanqueamiento puede ser una situación que tene-
> mos o en la que estamos involucradas; cuando pode-
> mos nombrar esa situación (e incluso hacer bromas al
> respecto) nos reconocemos unas a otras como extra-
> ñas a la institución y encontramos en ese distancia-
> miento un vínculo... También queremos que haya
> más de una; queremos no ser la única. [énfasis
> añadido]
>
> —**Sara Ahmed,** *On Being Included: Racism and
> Diversity in Institutional Life*

Poco después de que me contrataran como profesora auxiliar
de estudios latinos, a mi departamento —Lenguas y Literaturas Romances— se le presentó lo que en la universidad llamamos
una "línea": la oportunidad de contratar a una profesora o profesor permanente a tiempo completo, o en proceso de titularización.
La titularidad o permanencia es un sistema inusual, exclusivo de la

1

academia estadounidense, que garantiza empleo de por vida para el profesorado. Fue diseñado para proteger la libertad de las académicas y el trabajo intelectual del cuerpo docente frente a presiones exteriores, lo que permite que realicen el trabajo necesario (a menudo controversial), sin temor a perder el empleo. En principio, se supone que la titularización proteja a les profesores que puedan criticar al gobierno, sacar a la luz sistemas corruptos, o escribir sobre cosas que perturben las estructuras de poder. En realidad, la titularización funciona como una recompensa, un signo de prestigio conferido a las pocas profesoras que son capaces de publicar con casas editoriales notorias, que obtengan subvenciones y produzcan un impacto en sus respectivos campos. Lamentablemente, a las académicas controversiales que no cantan con el coro, la mayoría de las veces, se les niega la titularización[1]. Las líneas de titularidad son codiciadas en las facultades, particularmente en las humanidades, porque potencialmente atraen a académicas prestigiosas y bien establecidas con el potencial de elevar la reputación del departamento, apoyar agendas de investigación en curso, asesorar a las estudiantes y servir en los diversos roles administrativos dentro de la unidad. Las líneas incluyen titulares o catedráticas asociadas (nivel medio de la carrera) y profesoras permanentes (que ya han encontrado el santo grial), así como profesoras o catedráticas auxiliares (generalmente recién acuñadas doctoras que están trabajando en pos de obtener la titularidad).

En las últimas dos décadas, las líneas de titularización se han vuelto escasas. Según la Asociación Estadounidense de Profesores Universitarios (American Association of University Professors), solo el veintiún por ciento del profesorado tiene titularidad[2]. La escasez de líneas de titularidad a menudo provoca rivalidad entre las facultades que compiten para obtenerlas. Siguiendo la tendencia neoliberal que afecta a todas las industrias en todo el mundo, la universidad moderna se preocupa más por la reducción de costos y la acumulación de su dotación que por la producción de conocimiento y el bienestar de sus estudiantes. Para mantener su modelo neoliberal, la universidad ha reducido considerablemente su inversión en profesores titulares de tiempo completo, que cuestan más dinero e imparten menos cursos, ya que se requiere o se espera que realicen investigaciones y que publiquen. En cambio, por salarios exiguos, las universidades contratan estudiantes de posgrado y empleadas temporales a tiempo parcial, personal docente, como profesoras adjuntas e instructoras, para impartir la mayoría de los cursos de pregrado. A pesar de que muchas de las profesoras adjuntas tienen títulos de doctorado, al igual que las las profesoras titulares, a las primeras se les paga menos. A menudo, a las adjuntas se les paga un salario fijo por curso, en lugar de un salario por hora. Estos sueldos fijos equivalen a salarios escandalosamente bajos, por debajo del mínimo federal, y colocan el salario de profesores adjuntos por debajo del margen de pobreza. A les profesores adjuntos no se les ofrece seguro médico ni apoyo para sus investigaciones y, en ocasiones, ni siquiera un espacio de oficina. En las humanidades y las ciencias sociales, los empleos temporales, contingentes o de tiempo parcial son los más comunes[3].

En medio de este terrible clima laboral las facultades de humanidades y sus departamentos, como el de Lenguas Romances, Inglés y Literatura Comparada, han visto mermar durante décadas la matriculación de estudiantes; por ende, escuchar que nuestro departamento de Lenguas Romances y Literatura había recibido la aprobación para una línea titular, fue muy emocionante. Durante la reunión de profesores, el director del departamento nos pidió a todas les profesores permanentes y en vías a la titularización ofrecer nuestra opinión para determinar la especialización que debíamos buscar en la nueva empleada. Los departamentos de lenguas romances son complejos, ya que fusionan el aprendizaje de idiomas y los estudios literarios y culturales del mundo de la lengua española, del francés, del italiano y del portugués. La dinámica en juego entre, por ejemplo, las estudiosas de Francia y las especialistas en estudios del Caribe francófono a menudo imitan las mismas tendencias problemáticas coloniales y raciales que han moldeado la relación desigual entre los imperios europeo y estadounidense y sus sitios colonizados. Piensa, por ejemplo, en la representación de Haití en los medios de comunicación. Los ciclos informativos tras el terremoto de 2010 o, más reciente, tras el asesinato del presidente haitiano Jovenel Moïse, en 2021, constantemente se refirieren a Haití como el llamado "país más pobre del hemisferio occidental". En contraste, Francia, por lo general es retratado como un lugar de civismo y cultura, un país de gente hermosa, de ciudades románticas, vinos increíbles y gran literatura. Las estructuras coloniales que producen a Francia como un lugar de civilización y a Haití como un lugar sin esperanzas, de subdesarrollo, también están en juego en las facultades ya que moldean a quién se contrata, cuáles cursos se imparten y cuáles académicas son más valoradas, independientemente de dónde radique el interés de les estudiantes. La mayor y más ridícula ironía de los departamentos de lenguas romances es que, aquellas que hacen más para servir al mayor número de estudiantes (generalmente profesoras que enseñan la literatura de países colonizados), también reciben los salarios más bajos, tienen menos probabilidades de conseguir la titularización y experimentan microagresiones por parte de colegas, administradoras y estudiantes. También, es más probable que sean profesoras de color.

En las últimas dos décadas, los departamentos de lenguas y literatura romances han venido atrayendo a estudiantes latinx que, por idioma y afinidad cultural con el español y el portugués, gravitan hacia cursos que se enfocan en temas contemporáneos como la literatura de migraciones y los estudios poscoloniales. En Harvard, donde trabajé por ocho años en el Departamento de Lenguas y Literatura Romances, los cursos de estudios latinoamericanos y latinx a menudo sostenían una matrícula de más de cincuenta estudiantes por curso cada semestre, mientras que un curso centrado en, digamos, el renacimiento italiano, matriculaba tres estudiantes. En la Universidad de Georgia donde también trabajé en el Departamento de Lenguas Romances, nuestro curso más grande fue una introducción a la literatura latinx (el curso consistentemente matriculaba a 125 estudiantes por semestre). Dada esta tendencia, y al ser la única académica de estudios latinx en toda la facultad de la escuela de artes y ciencias, y una de las únicas dos latinas enseñando en humanidades en ese momento, cuando se nos preguntó a quién debíamos contratar para la línea, levanté ambas manos e insistí en que priorizáramos la contratación de un/une/una académica de estudios latinx[4]. Sugerí, también, que hiciéramos un esfuerzo para atraer candidatas de color. Spoiler alert: el departamento, en cambio, optó por contratar a otro experto en literatura europea, un hombre blanco.

Harvard, como muchas otras universidades de élite en los Estados Unidos, ha incrementado significativamente sus admisiones de estudiantes de color. A principios del otoño de 2021, el 54 por ciento de les estudiantes de licenciatura se identificó como "no blanco"; sin embargo, la cantidad de docentes de color sigue siendo deprimente. Como resultado, las pocas personas de color que trabajamos en la universidad nos vemos abrumadas por las solicitudes del estudiantado, administradores y colegas que se esfuerzan por servir al creciente número de estudiantes de color. En medio de tanta desigualdad, era lógico para mí que, cuando se presentara la oportunidad de contratar a una profesora a tiempo completo, debíamos priorizar las necesidades de la población estudiantil desatendida. Pero, como me di cuenta enseguida, la lógica y las necesidades de les estudiantes no son exactamente el motor que guía las decisiones departamentales.

Al final de la reunión, un bien intencionado colega, con señoría,

blanco, me haló a un lado y me dijo que, para proteger mi titularización, la facultad no debía contratar a nadie más en estudios latinx,
especialmente si era otra mujer latina. Esta persona era sincera y
había buenas intenciones en su deseo de protegerme; sabía que, a
los ojos de la administración, solo podía haber una de nosotras. Salí
de la reunión perpleja, las manos me temblaban y sudaban por la
conmoción del encuentro producido. Inmediatamente convoqué a
mi sistema de apoyo—las otras tres mujeres de color en proceso de
titularización que conocía en Harvard—para que conversáramos
acerca del tema durante la cena. Mientras yo estaba estupefacta por
haberme dado cuenta de que la universidad estaba activamente ase-
gurándose de que la diversidad racial entre les profesores no cre-
ciera más allá de lo representacional (en oposición al discurso de
diversidad e inclusión que profesaba), mis colegas tenían claro que
tener solo "una de nosotras" era, en efecto, el modus operandi de la
institución. Mirando alrededor de la mesa, éramos, como dijo una
de mis amigas, "un anuncio de United Colors of Benetton". Cada
una de nosotras ejemplificaba una minoría étnica racializada. "¿En
serio? ¿Así es como nos ven?", pregunté, con una mezcla de incredu-
lidad y repulsión, mientras mis amigas se reían de mi ingenuidad.

Mi experiencia, aunque singular, no es única. La omnipresen-
cia del modelo de "The One" (La única o El único o Le unique) es
demasiado familiar para las profesionales de color que trabajan
en campos competitivos en los Estados Unidos y otros países del
norte global. Una amiga latina una vez me dijo que la experiencia
de trabajar en una importante institución financiera la había preparado para la guerra. Nos reunimos en Nueva York una tarde y,
mientras caminábamos por el muelle, le pregunté cómo era ser una
analista latina en tan prestigiosa institución. Tengo que admitir,
estaba asombrada por su éxito y curiosa acerca de lo que supuse
era una vida glamorosa. Aún no le había contado mi experiencia
como La única. Recuerdo que ella se estaba comiendo una barqui-

lla de helado y, accidentalmente, se le cayó cuando hice la pregunta. Mientras respondía, ella se empezó a reír, tal vez por haber dejado caer el helado, tal vez por mi pregunta. Pero, en mi memoria, la risa tornó su respuesta todavía más demoledora:

> Es como estar en una zona de guerra. Este trabajo me ha condicionado a recibir tanta violencia, y a ser provocada de tantas maneras que yo, tristemente, puedo soportar lo peor. Déjame corregir eso: trabajar en mi oficina *es* lo peor; es una guerra. Ellos te escupen sin saliva. Cuestionan tu inteligencia, tu derecho a estar ahí. De hecho, alguien me dijo una vez que ellos hubieran preferido [contratar] a otro candidato, *pero*, tú sabe', como yo llenaba la casilla de diversidad, ellos *tuvieron que contratarme. Tuvieron que contratarme.* Estoy convencida de que mis compañeros me resienten y castigan solo porque no soy blanca.

Mi amiga dice que palidecí al escucharla hablar. "¡Estás blanca como un fantasma!", dijo, lo que la hizo reír aún más. Cuando finalmente recuperé el aliento, le hice la pregunta que me hacen cuando hablo públicamente de la violencia institucional que la academia inflige en las mujeres de color: "¿Por qué no renuncias?". Ella viró los ojos antes de responder: "Tú sabes por qué no. ¿Por qué tú no dejas Harvard? Ajá, ¿y entonces? ¿Dejar la siguiente universidad y la siguiente? Tú sabes que todas son iguales, ¿verdad? Para nosotras, to' es la misma mierda". Sonreí y viré los ojos como ella lo hiciera antes. Como dos latinas inmigrantes de clase trabajadora, compartimos un conocimiento tácito: nuestras carreras no son solo carreras, son trabajos que apoyan a miembros multigeneracionales de nuestras familias. Nosotras no podemos simplemente renunciar ya que, nosotras, contrario a algunas de nuestras colegas que acunan riquezas generacionales, somos la persona de nuestra familia que "lo logró".

Dejando a un lado las limitaciones financieras, los desafíos de ser La única, para las profesionales de color, van más a allá de la academia. O como dijo mi amiga: "Yo miro a mi alrededor: ¿acaso es mejor en otras profesiones? Seamos sinceras, a menos que yo esté haciéndoles las camas o cuidándoles los hijos, voy a ser percibida como incompetente. No hay nada más que hacer que pelear. Nosotras tenemos que luchar. Esto es la guerra".

Las experiencias de no pertenecer que mi querida amiga y yo vivimos en espacios institucionales completamente distintos se sustentan en la supremacía blanca, por la creencia de que nosotras, como mujeres de color y minoría, no encajamos; que solo se nos permite ser parte de estas instituciones debido a nuestra raza y género en vez de a pesar de ello; que somos las "contrataciones de la diversidad". Esta creencia moldea cada aspecto de nuestro trabajo: perturba nuestros movimientos físicos a través de los espacios, así como también nos agobia con responsabilidades laborales de tipo institucional en temas de raza, diversidad e inclusión. Es decir, se nos pide que lideremos los grupos de trabajo sobre "temas de diversidad", que hablemos en las juntas sobre "equidad e inclusión", y que seamos mentoras, líderes, enlaces para cada una y todas las conversaciones, los planes y los esfuerzos institucionales para salvaguardar las apariencias respecto a la desigualdad racial. Somos entonces Band-Aids, curitas que esperan ponerse en sus heridas hemorrágicas raciales.

Sara Ahmed ha escrito extensamente sobre la universidad y la academia en el Reino Unido y Australia. Describe lo que ella llama "la experiencia de la extraña" en esas instituciones, lo que algunas de nosotras, que no podemos pasar como personas blancas, sufrimos cuando nos hacemos notar en nuestras instituciones, precisamente porque no se supone que nuestros cuerpos pertenezcan a la blancura de ese espacio[5]. A mí, una mujer latina negra de piel clara, de clase obrera, una inmigrante con acento y graduada de una universidad pública en Nueva Jersey, esta extrañeza me ha marcado como carente de lo que mis colegas a menudo llaman "pedigrí", requerido para tener éxito en las universidades de élite (blancura, riqueza, una educación de una Ivy League, un apellido reconocido, masculinidad y el apoyo de poderosos mentores[6]). En la introducción de su libro *Presumed Incompetent II: Race, Class, Power, and Resistance of Women in Academia* (Presunta incompetente II: Raza, clase, poder y resistencia de las mujeres de color en la academia), Yolanda Flores Niemann, Gabriella Gutiérrez y Muhs, y Carmen G. González sostienen que cuando se trata de diversidad y pertenencia, la universidad es "el último bastión de elitismo y racismo sancionado en los Estados Unidos"[7]. Es un entorno hostil "fundamentado en el racismo, el sexismo, la homofobia y el clasismo" donde la violencia, que toma muchas formas (como ilustran los ejemplos que he compartido hasta ahora), se naturaliza contra profesoras y estudiantes de color.

Mi falta de pertenencia a la universidad le dio forma a mi relación con colegas, con la administración y con la institución convirtiéndola en una tácita, no obstante mutua, incomodidad. Es decir, mis encuentros diarios con colegas blancas en reuniones departamentales y otros espacios institucionales destacó cómo la blancura (ser o "actuar" como si lo fuera, hablando a través de la blanquitud, y la realización de civilidad blanca) era claramente un requisito previo para tener éxito como una mujer de color en la universidad. Esto se manifestaba en sutilezas como los colores, las marcas y el estilo de nuestra ropa y accesorios; nuestros peinados; y en el tono de nuestra voz, dicción, manierismos y gestos utilizados al hablar en público. Recuerdo, por ejemplo, un día al comienzo de una reunión departamental, me topé con una amiga que enseña en otra facultad y a quien no había visto en casi un año. Nos abrazamos y expresamos verbalmente nuestra felicidad al vernos. Un profesor blanco nos miró sorprendido antes de decir: "Estoy seguro de que este salón nunca había visto tales expresiones y efusividades". Él estaba claramente incómodo por nuestras expresiones de afecto. Yo soy una persona cálida por naturaleza. Expreso preocupación por las personas. El comentario me tomó por sorpresa, ya que hizo que me diera cuenta de que mucho de lo que soy y cómo me muevo en el mundo es inaceptable dentro de estos espacios de blanquitud. Mi incapacidad de actuar, entender, hablar y estar en armonía con la blanquitud me hizo, en términos de Ahmed, una "extraña" para la institución: un cuerpo irreconciliable que portaba y difundía incomodidad. Como escribe Ahmed: "Una experiencia extraña puede ser una experiencia donde te haces notar, de no pasar o sí pasar por algún lugar, de ser detenido o ser retenido"[8]. Mi extrañeza alimentó mi desvinculación.

Aunque a veces se invita a "extrañas" como yo a formar parte de la universidad de élite a través de prácticas neoliberales de diversidad e inclusión (básicamente para preservar la armonía de la institución), también se nos pide asimilar mediante el silencio o la invisibilidad. A través de los años, mis colegas me han aconsejado que "sonría más"; "ten cuidado de no dejar que la gente sepa que eres madre soltera", me han dicho, "asegúrate de no hablar español caribeño con tus colegas"; y, tal vez, "pierde un poco de peso". A lo largo de los años también he visto a otras mujeres de color intentar asimilarse a la blanquitud tanto en sus gestos como en su desempeño corporal. Una colega asiática-americana me dijo que había pasado horas practicando "los gestos que las mujeres blancas en mi departamento hacen con las manos para explicar teoría", esto, después de que alguien le hiciera saber que sus gestos "distraían demasiado".

Se espera que hagamos que la gente blanca se sienta cómoda con nuestra presencia, o corremos el riesgo de ser eliminadas. Mi falta de voluntad o incapacidad de estar en armonía con la blanquitud (silenciar mi extrañeza en la institución y aceptar su supremacía blanca implícita en todos los aspectos de la vida institucional, curricular y académica) culminó con mi despido de Harvard vía la denegación de mi titularización en 2019.

Haber sido expulsada por la blanquitud tras haberme negado la titularización fue una de las experiencias más violentas y difíciles, pero edificantes, de mi carrera. Después de pasar ocho años cimentando Harvard, trabajando para y con mis alumnas, superando todas las expectativas en mi investigación, enseñando y sirviendo, en noviembre de 2019 (la noche antes del Día de Acción de Gracias), recibí una llamada del director de mi departamento. Me dijo: "Lorgia, querida, tengo una noticia terrible. Lo siento mucho, pero te han negado la titularidad". Yo creía que era una broma. Semanas antes, él, que era partidario de mi trabajo y en verdad creía que yo merecía la posición, me había enviado un emoticón de una botella de champaña, siguiendo un mensaje donde me aseguraba que "todo [iba] espectacular" con mi proceso de titularización. Su seguridad y la de los decanos hicieron la denegación aún más cruel. Pero tomó un tiempo para que yo pudiera asimilar la noticia; y me tomó todavía más tiempo comprender el alcance de la violencia implícita en ella. Como sobreviviente de violencia emocional y sexual, sé muy bien cuán agotador y complejo es el proceso con el cual llegamos a un acuerdo con los efectos de la violencia, está en nuestro cuerpo y en nuestra psiquis. Cuánto tiempo toma antes de que, finalmente, entendamos que el daño hecho no es culpa nuestra. Nuestros abusadores convierten la culpa y la vergüenza que sentimos en armas. Toma distancia, tiempo, trabajo y apoyo para que nos veamos realmente como sobrevivientes y apreciemos el coraje que se necesita para sobrevivir.

La violencia institucional se manifiesta de múltiples formas insidiosas: negación de un trato igualitario, abusos en las prácticas laborales, desigualdad salarial, cantidades injustas de trabajo, microagresiones y, sobre todo, crueldad. La crueldad de poner fin a mis ocho años de servicio con una llamada telefónica en víspera de un día festivo fue otro ejemplo más de violencia institucional. Pero que me hayan negado la titularidad fue el final más racional a lo que a menudo describo como una relación abusiva a largo plazo con mi empleador (una en la que yo estaba simultáneamente en el extremo receptor tanto de violencia como de adulación).

Durante mis años como profesora en vía a la titularización en la Universidad de Harvard, fui agasajada con premios y becas, y fui dotada de una cátedra entre otras formas de reconocimiento. A menudo, colegas con señoría y administradores me llamaban "una estrella" y me aseguraban lo mucho que yo le importaba al futuro de la "institución nueva y más diversa" (al diferido proyecto de pertenencia que estábamos construyendo "juntes" con y a través de mi trabajo). Muchas veces, estas adulaciones eran contradichas por el odio y la violencia que se manifestaba a través de interacciones humanas con personas en la comunidad universitaria, así como a través de encuentros con la institución vía sus representantes, mis colegas y el personal administrativo.

Algunas de estas interacciones me sacudieron hasta la médula, como una vez, en 2016, en la que fui atacada en el campus por dos hombres que me arrojaron café caliente mientras me gritaban: "Build the wall!" (¡Construye el muro!). O cuando alguien introdujo una nota bajo la puerta de mi oficina en 2019 con insultos misóginos y racistas seguidos de las palabras "You don't belong here" (No perteneces aquí). O, aquella vez durante la primavera de 2020, mientras impartía una clase en línea, un grupo de "Zoombombers" pidió que me mataran o, más específicamente, pidió mi linchamiento. Que esto ocurriera en el campus o mientras yo trabajaba allí no es poca coincidencia. Que la administración no hiciera nada para protegerme de la violencia, limitándose a jugar la carta de los "thoughts and prayers" (te tenemos en nuestras oraciones), demostró la complicidad de individuos e instituciones en la promulgación de la violencia. Que yo haya delatado estos hechos violentos, que me haya quejado públicamente, me hizo una "malagradecida" ante los ojos de la institución y, por lo tanto, indigna de su protección.

Y, sin embargo, mis experiencias con la violencia institucional no son exclusivas. De hecho, mientras rellenaba un informe policial después del crimen de odio de 2019 (la nota colocada debajo de la puerta de mi oficina), el oficial a cargo de la investigación, un hombre negro, me dijo que estos casos son comunes en Harvard. "No quieren vernos [a las personas de color] brillar. Te quieren tranquila, callada. Tu voz es una amenaza para el statu quo", me dijo. Aunque me haya sorprendido la sinceridad del oficial, no me sorprendió escuchar que la violencia racial es común en el campus de Harvard. Otras dos profesoras, ambas mujeres de color, me confiaron que ellas también habían recibido notas y llamadas telefónicas ofensivas, que habían sido agredidas con insultos raciales y misóginos. Cuando les pedí que me acompañaran a denunciar dichos hechos, se negaron, citando el miedo a las represalias de la administración. Una de ellas me dijo: "Si hablo en contra de esto, lo único que ganaré es llamar más la atención hacia mi persona como una quejona. Tienes que bajar la cabeza, por lo menos hasta tu titularización. Esta es una pelea imposible de ganar".

Me ha tomado casi dos años reconocer la violencia de trabajar en la academia, misma que llevó a que me negaran la titularidad. Todavía estoy trabajando en eso. Por experiencias pasadas, sé que el dolor seguirá estando allí, hasta cierto punto. Pero ahora puedo nombrarlo. La violencia institucional es real, lo sé porque mi cuerpo lo sabía. Mi cuerpo recuerda el dolor. Todavía tiemblo cuando veo que alguien ha dejado una nota debajo de mi puerta, o cuando recibo una carta de alguna persona desconocida. Todavía me siento insegura al caminar hacia un garaje después de una conferencia o charla pública. Estoy atenta. Ya no ando con auriculares escuchando a Nina Simone, como solía hacer. Necesito todos mis sentidos alerta, en caso de que alguien a la vuelta de la esquina decida arrojarme café caliente e insultarme. Sospecho, espero, lo peor, y mi cuerpo reacciona en consecuencia, listo para huir y buscar la supervivencia.

Si bien estos ejemplos son extremos, no fueron los únicos casos de violencia que viví. Otros, como las microagresiones de colegas que me sugerían que "sonriera más" o que no me "enojara tanto", o que tuviera cuidado de no alterar la forma en que se hacen las cosas, se volvió parte de mi diario vivir, obstáculos menores. Me acostumbré a enfrentarlos devolviéndoles amablemente la incomodidad, señalándoles las múltiples maneras en que su incomodidad con mi persona, mi escolaridad y mis palabras, eran un signo de su privilegio blanco. Cuando la noticia de la denegación de mi titularización llegó, sin embargo, todos esos encuentros, grandes y pequeños, encajaron como piezas de un rompecabezas. De repente todo cobró sentido. En las semanas siguientes a la noticia, saqué el equivalente de siete años de diarios y comencé a releer mi historia, volviendo a familiarizarme con la genealogía de mi "extrañeza".

Una de las formas más tangibles en que se me convirtiera en una extraña en el campus fue a través de la constante discriminación racial a la que fui sometida por parte de la policía escolar, el personal de seguridad y el personal en general. Durante mi primer semestre en Harvard, por ejemplo, al entrar al edificio donde estaba mi oficina, me hacían recordar cómo mi cuerpo minorizado no pertenecía a los espacios universitarios de la élite. A diferencia de las universidades en otras partes de los Estados Unidos, donde los edificios están altamente protegidos, Harvard estaba bastante abierta y sin vigilancia durante las horas de trabajo. Aunque los despachos de seguridad en los edificios eran comunes, nunca observé que alguien más fuera detenido por el personal de seguridad. No obstante, esto me sucedió a mí, todos los días, por varias semanas. El guardia de seguridad blanco, sentado en la recepción del Barker Center, donde estaba ubicada mi oficina, se acercó a mí con un tono agresivo un día cuando entré, diciendo que esto no era un edificio público. Atónita, dije que yo lo sabía y seguí caminando, solo para que me detuviera otra vez y me pidiera que presentara mi carné. Estos encuentros continuaron durante semanas hasta que se lo informé a mi jefe de departamento, quien intervino en mi favor. Nunca se me ofreció disculpas por parte de la administración o del personal.

En 2016, fui la anfitriona de una académica que visitaba desde Italia, una colega negra. Entre sus charlas y visitas a clases, yo quería darle un breve recorrido por la biblioteca. Cuando entramos en el vestíbulo de la biblioteca principal (después de inscribirnos en la oficina de información y obtener el permiso requerido para mi invitada), la empleada de la recepción, una mujer blanca, se nos acercó con agresividad, y preguntó si nosotras pensábamos que podíamos escabullirnos, entrar sin permiso. Yo estaba tan sorprendida y avergonzada que no respondí. Hasta el día de hoy, mi invitada, que ahora se ha convertido en una amiga cercana, recuerda el incidente como su "curso acelerado sobre racismo en América". Años más tarde, me encontré con la misma empleada de la biblioteca, en la defensa de tesis de uno de mis alumnos. Aparentemente, ella había tomado una clase de lenguas en la que el joven había sido asistente y por lo tanto fue invitada al evento. En la recepción ella se acercó a mí con la curiosidad exotizante que mis colegas blancas mostraban cuando se daban cuenta de que yo era profesora, y a la que ya me había acostumbrado. Por lo general, me hacían preguntas como: "¿De dónde eres?". Y cuando respondía que yo era de Trenton, Nueva Jersey, la respuesta solía ser algo así como "Fascinating". La idea de una profesora latina, negra, descendiente de una clase trabajadora, en una universidad de élite era "fascinante" (otra mercancía para vender en el proyecto de diversidad e inclusión). La empleada estaba "fascinada" conmigo ahora que sabía que yo era profesora. Quería charlar sobre literatura, saber acerca de mi investigación, ver si podía asistir como oyente a mi clase. La interrumpí para preguntarle si ella se acordaba de mí, y agregué que, en efecto, ya nos habíamos conocido. Ella me miró por un segundo, luego dijo que yo le parecía conocida, pero que no sabía de dónde. Pensó que tal vez ella había asistido a una de mis conferencias. Después de explicarle cómo nos habíamos conocido, le dije que, mientras ella apenas me reconocía, yo nunca podría olvidar su cara porque el racismo siempre acecha a quienes lo viven. Ella se disculpó y enseguida se alejó de mí. A pesar de su bochorno, continuó mariposeando por el salón, tomando vino y encontrando formas de endulzar a otras profesoras. Su inmenso privilegio le permitió permanecer en un espacio que era mío (era mi facultad, mi estudiante, un evento que yo había organizado), a pesar del desagrado que ella me había provocado. A diferencia de ella, yo no pude quedarme. Me fui de la reunión temprano, otra práctica a la que me he acostumbrado en mi vida como La única.

Si bien estos ejemplos de encuentros violentos diarios con la vigilancia y la exclusión racializada fueron traumatizantes por no decir otra cosa, por mucho, el ejemplo más atroz de mis experiencias tuvo lugar en clases. En un raro día soleado de febrero de 2015, decidí llevar a mis estudiantes, en su mayoría negras y morenas*, al patio principal para una clase al aire libre. Estábamos en medio de la clase cuando la policía del campus interrumpió, exigiendo carnés y haciéndonos saber que no se nos permitía estar allí. Estaban respondiendo a una llamada de un miembro del personal que estaba preocupado, dijeron, por disturbios en el patio. Estábamos leyendo poesía. En ese momento no me di cuenta de que esa experiencia se convertiría en la norma para mí y, lamentablemente, para mis alumnes. Cada vez que intentaba dar mi clase afuera, la policía interrumpía y cuestionaba mi derecho, y el derecho de mis alumnes, a estar en el campus. Lo hicieron incluso cuando tomé medidas preventivas al planear y asegurar el permiso para dar clases afuera (algo que mis colegas blancas no tenían que hacer). La policía nos continuó

---

*   *Brown students* [nota de la traductora].

interrumpiendo hasta el último semestre que enseñé en Harvard. Ninguna de las medidas que tomé lo impidió. El caso es, que nosotras no cumplíamos con sus expectativas de pertenencia. Éramos extrañas que amenazaban la supremacía blanca del espacio, e incomodamos a algunas miembros blancos de la institución. Y la incomodidad blanca no está permitida dentro del proyecto colonizador de la universidad, es decir, el proyecto mediante el cual la universidad crea jerarquías humanas, conocimiento, y espacios basados en la raza. Este proceso de exclusión, el proyecto de colonización se enmarca en torno a discursos destinados a sostener las estructuras dominantes de poder al mismo tiempo que asegura la complicidad de estudiantes y profesoras a través de la inversión en ideas de unidad, progreso y la diversidad basada en la blanquitud.

Ser una extraña en el campus es una experiencia violenta basada en el orden colonial que engendró y sostiene la supremacía blanca. Cuando hablo de la universidad de élite como un espacio colonial y colonizador, la gente a veces se sorprende. Estamos tan predispuestas a creer que la academia es una institución benévola que tendemos a olvidar que muchos de los edificios en las universidades de élite fueron construidos físicamente por personas esclavizadas, en tierras robadas, para que los hombres blancos pudieran entrenar a la próxima generación de aquellos que pertenecen: hombres blancos. A pesar de que las estudiantes negras, indígenas, latinx y otros grupos minorizados han sido parte de la educación superior durante siglos, siempre han sido una minoría. Se presume que son una "selección", siempre idealizadas como excepciones.

La presencia de profesores de color, particularmente mujeres, en la universidad ha sido todavía más rara. Fue solo hasta 1976 que, por primera vez, Harvard contrató a una profesora negra. Eileen Jackson Southern, musicóloga, con el tiempo consiguió su titularidad, y se convirtió en la directora de lo que entonces se llamaba la Facultad de Estudios Afroamericanos. En 1988, Yale le otorgó la titularidad a su primera profesora negra, Sylvia Ardyn Boone, estudiosa de arte africano. Niara Sudarkasa fue nombrada en la Universidad de Michigan en 1969, en la Facultad de Antropología, recibiendo su titularización a mediados de la década de 1970, y Barbara Christian en Berkeley, en 1978. Que la historia de las profesoras negras sea tan reciente, y que las mujeres antes mencionadas continuaron siendo las únicas profesoras titulares en sus facultades, y muchas veces en toda la institución, por más de una década, muestra la lentitud de la universidad en promulgar su proyecto de "diversidad e inclusión", incluso cuando dicho proyecto es obligatorio por ley. La breve historia de profesoras negras y de color en rangos universitarios no es una anomalía. Más bien, es la columna vertebral del proyecto continuo de diversidad que sostiene la lógica y la praxis de La única o El único.

Hasta el 2023, el departamento de Lenguas y Literaturas Romances en la Universidad de Harvard nunca ha tenido una profesora negra con titularización. Si bien Harvard les ha otorgado la titularización a varias profesoras negras en las últimas dos décadas, la mayoría de ellas está en la misma facultad: African and African American Studies (Estudios africanos y afroamericanos, AAAS según sus siglas en inglés). Las personas que son negras no estadounidenses, las académicas negras fuera del campo AAAS y, en particular, las académicas de estudios étnicos que no son blancas, continúan enfrentando desafíos respecto a la contratación, a la promoción y a los procesos de titularidad en Harvard. Lo mismo es cierto en la mayoría de las universidades de todo el país, particularmente en instituciones de élite y las Ivy League que se niegan a reconocer los estudios étnicos como un campo de la producción y la enseñanza del conocimiento[9]. Pese a que los estudios étnicos han existido durante más de medio siglo, muchas universidades se resisten a la creación de departamentos que institucionalizarían lo que en su opinión son espacios para el "activismo", en lugar de los campos legítimos de investigación que son[10]. Junto al hecho de que los estudios étnicos se ocupan de las vidas, obras e historias de pueblos minorizados, colonizados y que, desde sus inicios, el campo ha emergido como un lugar de contestación contra las estructuras de colonización de la academia, las universidades (particularmente las escuelas de élite) nunca están contentas con institucionalizar los estudios étnicos y darles el poder y la legitimidad que merecen. Por ejemplo, de las mejores veinte universidades de élite en los Estados Unidos, solo UC Berkeley, una institución pública y uno de los lugares originales de las huelgas del Third World Liberation Front (Frente de Liberación del Tercer Mundo), en 1968-1969, tiene una facultad de estudios étnicos. Si bien se han logrado algunos avances en la última década, debido al activismo y la presión nacional de académicos en el campo, todas las Ivy League y la mayoría de las escuelas de élite continúan negando las peticiones del estudiantado de crear departamentos dedicados a los estudios latinx, asiáticos, nativos y de la negritud y la afrodescendencia[11].

Las historias que comparto a lo largo de este libro exponen una linealidad histórica que delinea mi propio camino como latina negra en proceso de titularización en una institución de élite. También esbozan (de forma bastante simple, aunque en términos violentos) la ontología de La única. El proyecto de limitación racial y diversidad étnica, y la representación de La única, existe en armonía con el de la "diversidad e inclusión". Es su descendencia. La diversidad e inclusión nacen de la necesidad de cumplir con los objetivos de la igualdad de oportunidades de empleo implementados en la Ley de Derechos Civiles de 1964. Las universidades tienen la obligación de implementar políticas de Affirmative Action (Acción Afirmativa) dirigidas a corregir la exclusión y privación de derechos de estudiantes no blancas, así como de estudiantes blancas a quienes se les había negado el acceso a la educación igualitaria desde la existencia de universidades en los Estados Unidos. Aunque muchas universidades públicas usaron la Acción Afirmativa como una oportunidad para hacer que los campus fueran más diversos, las escuelas de élite continuaron excluyendo a las estudiantes de color basándose en nociones de mérito que no consideraban la desigualdad económica. Como tal, solo un puñado de estudiantes de color fue admitido, y los campus de las instituciones de élite continuaron siendo en su mayoría blancos hasta que los cambios demográficos del siglo XXI obligaron un ajuste de cuentas que ha llevado a un importante aumento en la admisión de estudiantes de color, la mayoría de ellas estudiantes universitarias de primera generación. Pese a que la admisión de estudiantes de color a instituciones de élite continúa creciendo, las prácticas de contratación del cuerpo docente no han cambiado para coincidir con la demografía del estudiantado. Sigue habiendo un número marginal de profesoras de color en las universidades de los Estados Unidos[12]. Por lo tanto, no es sorprendente que, por unos años, yo fuera la única latina en proceso de conseguir la titularización en toda la facultad de artes y ciencias.

La existencia de La única le permite a la universidad mantener el statu quo para continuar operando en armonía con la blanquitud, mientras salvaguarda su prestigio públicamente. La única es la representación perfecta del rezagado proyecto de inclusión, proyecto que sabemos no es sobre justicia ni equidad. Tener a La única les permite a las instituciones decir: "¿Ves? No somos racistas. ¿Ven? Estamos avanzando. Nosotros hemos comenzado a crear una institución inclusiva". Ser La única es verte obligada a ser cómplice de tu propia exclusión y desvinculación y de tu propia extrañeza. Ser La única significa comportarse, obedecer las reglas de la blanquitud, mantener el statu quo y, sobre todo, ser agradecida. Ese agradecimiento se demuestra a través del silencio y la complicidad. La única no debe quejarse nunca. Debemos ser comprensivas y dejar pasar las microagresiones. Cuando me quejé de la violencia que estaba experimentando como La única en mi vida diaria en el campus, me ofrecieron explicaciones sobre cómo lo que había sucedido no había sido culpa de nadie, que no hubo "malas intenciones". Mi incomodidad y la violencia que sufrí fueron parte del "malentendido" que mi "extrañeza" (para tomarla prestada de Ahmed una vez más) había provocado. El mensaje estaba claro: La gente como tú no pertenece aquí. Tú eres la excepción. Tú eres La única, y ser La única tiene un costo. Para ser La única debes estar dispuesta a aceptar tu propia incomodidad y conformarte, en silencio, a la blanquitud. Debes estar dispuesta a acatar para que la gente blanca se sienta cómoda.

A través de los años, he acumulado cientos de historias sobre la violencia cotidiana de ser La única y las tantas maneras en las que la universidad refuerza y mantiene un sistema de cuotas tácitas para evitar rebeliones. Como me encontré a mí misma siendo la mujer de color residente en múltiples departamentos y comités, dejé de sorprenderme y aprendí a esperarlo. Y, aunque era agotador y explotador desempeñar este papel, también llegué a comprender que servir como la mujer de color residente era la única forma de asegurar que habría más de nosotras. En los comités de contratación y de admisiones, levanté la voz para recordarles a todas que, por su propia decisión, mi papel en su proyecto de diversidad e inclusión era recordarles que debían ser inclusivas y diversas. A veces funcionaba. En 2015, me pidieron que formara parte de un comité de contratación para un puesto que no estaba relacionado directamente con mi campo. Me había acostumbrado a estas peticiones. Este era mi cuarto papel como tal en un comité. Comprendí que se me pedía, una vez más, que fungiera como La única. Al comienzo de la reunión, dejé en claro que participaría en el comité bajo dos condiciones: (1) haríamos todos los esfuerzos posibles para contratar a una mujer de color, y (2) requeriría una declaración tutorial para descartar a les profesores que estaban poco dispuestas o desinteresados en apoyar a estudiantes (particularmente estudiantes de primera generación y minorizadas). A pesar de que algunos de los miembros del comité no estaban entusiasmados con mis solicitudes, puse en claro que mi servicio era condicional. Les devolví mi incomodidad de haber sido convertida en La única, haciéndoles saber explícitamente que entendía mi papel, y que me negaba a jugar según sus reglas. Yo no les iba a permitir fingir que mi cuerpo racializado no existía mientras lo usaban para ejemplificar su "diversidad". Mi tarea condicional rindió múltiples contrataciones de catedráticas en miras a la titularización, lectores y estudiantes posdoctorales de color. En ocasiones, incluso, condujo a maravillosas colaboraciones y alianzas contra las prácticas institucionales de la universidad colonizadora de maneras que reflejan el llamado que hizo Robin D. G. Kelley en su ensayo de 2016, "Black Study, Black Struggle" (Estudios de negritud, lucha negra): a no pedirle a la universidad que "corresponda nuestro amor"; a no exigirle a la universidad, a una universidad neoliberal, a una institución colonizadora y racializadora (tomando en cuenta que esto está en contra de su propia naturaleza); en cambio, tomar sus recursos y estructuras y reutilizarlas para crear espacios de libertad, freedom schools (escuelas de libertad) y momentos de liberación dentro y a través de su exclusión violenta. Al hacer nuestro trabajo condicional: devolviendo la incomodidad, invirtiendo el proyecto de diversidad e inclusión, aunque sea brevemente, es un acto de creación de libertad que contradice la lógica de La única[13].

Algunos de los efectos generalizados de ser La única son conocidos por demás entre el profesorado de color, particularmente las profesoras de color somos presionadas para que formemos parte en comités, somos infravaloradas, mal pagadas, sin titularidad y vivimos en una lucha constante para que se nos ascienda. Un efecto, en mi opinión el más dominante, apenas se menciona, sin embargo: es la forma en que la lógica de "solo puede haber una de nosotras" socava nuestros esfuerzos de construir comunidad, de crear solidaridad y apoyarnos mutuamente a través de la tumultuosa trayectoria de la titularización. Esta realidad es, por supuesto, menos común en facultades y universidades con un volumen crítico de profesoras de color trabajando en campos de estudios étnicos. Pero para aquellas de nosotras que trabajamos en instituciones mayoritariamente blancas, que trabajamos dentro de lo que en Estados Unidos se conoce como Estudios Étnicos o en campos interdisciplinarios más pequeños, y luchamos por hacer nuestro trabajo visible, mientras nuestras colegas blancas lo descartan como si nuestras investigaciones no tuvieran importancia o fueran demasiado limitadas, esta cruda realidad da forma a nuestras relaciones (a veces incluso entre distintos campus, e inclusive cuando no nos conocemos).

En la primavera de 2013, poco después de que me ofrecieran un puesto en vías a la titularización en la Universidad de Harvard, y mientras aún trabajaba en la Universidad de Georgia, asistí a una conferencia de literatura latinx en John Jay College of Criminal Justice, en la ciudad de Nueva York. Después de mi presentación, una persona de color del público me bombardeó con una serie de preguntas agresivas. Pese a que encontré su tono y línea interrogatoria desconcertantes, nada me había preparado para lo que pasó al final de la presentación del panel. Esta persona se acercó y me dijo que había sido finalista para el puesto que yo había ocupado durante tres años en la Universidad de Georgia. La persona estaba molesta porque me habían ofrecido el puesto, y no a elle, y ahora yo me iba. Me dijo que no era justo que ahora yo tuviera otra oferta con posibilidad a la titularidad mientras que elle no. Me quedé atónita por la amargura con la que me había interpelado, pero, sobre todo, me entristeció que en una conferencia sobre la literatura latinx, alguien más en mi campo (otra persona de color que sufría en la academia por las prácticas neoliberales de las universidades de élite) me viera como su enemiga en lugar de emprender un examen crítico de la exclusión sistémica del campo de estudios étnicos que nos ha dejado a muchas de nosotras compitiendo por un puñado de puestos. Según esta persona, era mi culpa que elle no hubiera conseguido el trabajo deseado.

Me había graduado de la Universidad de Michigan con un doctorado, justo después de la caída del mercado ocurrida en 2008. Tras completar mis requisitos de grado, y con cinco meses de embarazo, me encontré en un mercado académico con solo cuatro puestos en estudios latinx. Muchas de las recién graduadas estábamos en riesgo de desempleo. Dada mi clase obrera y origen inmigrante, había comenzado a considerar otras alternativas, es decir, buscar trabajo fuera de la academia. Justo cuando estaba a punto de rendirme, se anunció un puesto (fuera del ciclo de contratación) en la Universidad de Georgia, y mi asesor de tesis, Larry Lafountain-Stokes, me animó a solicitar. Acepté mi primer puesto con posibilidad a la titularidad en la Universidad de Georgia en 2010.

Mudarme a Georgia me presentó muchos desafíos personales, pues dejé atrás mi red y mi familia y me mudé lejos con un bebé recién nacido. Los años en Georgia, sin embargo, resultaron ser los más formativos de mi carrera, y siempre estaré agradecida por dicha experiencia. En 2013, después de lidiar con ataques provenientes de grupos supremacistas blancos, debido a mi activismo en apoyo a la comunidad indocumentada, volví al mercado laboral en busca de mudarme más cerca de mi familia y poner algo de distancia entre el racismo y la violencia que estaba experimentando en Georgia. La decisión fue desgarradora y la transición muy dura. Estaba dejando atrás una comunidad que había ayudado a construir y un trabajo que me sostenía de múltiples maneras. Todavía no me había mudado físicamente a Massachusetts cuando dicha conferencia en Nueva York tomó lugar, ni había anunciado públicamente mi aceptación a la posición en Harvard. En ese contexto, la forma en que esa persona del público me abordó no solo me impactó; me sacudió.

Años más tarde, luego de publicar mi libro The Borders of Dominicanidad (Los bordes de la dominicanidad), una colega latina en mi campo le hizo un comentario similar sobre mí a un grupo de académicos latinx en una importante conferencia. Dos de mis amigas más cercanas estaban presentes. Esa colega estaba herida de que mi libro "se había llevado toda la atención", haciendo imposible que la gente le prestara atención a *su* libro, que se publicó aproximadamente dos años después del mío. Según ella, mi éxito limitó el suyo. Aparentemente, solo puede haber un libro en nuestro campo, o al menos ese fue el mensaje que ella recibió de sus colegas y asesores. Ella se regocijó por el hecho de que no había obtenido la titularidad en Harvard porque esto significaba que, finalmente, yo saldría de su camino. Una de mis amigas la enfrentó de forma amable pero firme, pidiéndole que viera el daño que sus palabras y malos deseos para una compañera académica latina reflejaban no solo en ella sino en todas nosotras. Pero la erudita no podía oírle. Ella estaba decidida y pensaba en mí como su enemiga y la causa de su incapacidad para obtener el gran premio imaginario de ser La única.

En ambos casos, mis colegas fueron partícipes de la lógica de La única, culpando mi persona y capacitación en lugar de culpar las instituciones que crean y sostienen esta lógica tóxica. Como en uno de esos videojuegos violentos, solo puede haber una ganadora una vez toda la competencia ha sido eliminada; por consiguiente, yo (junto a cualquier otra "competencia"), habría tenido que ser eliminada para que elle y ella tuvieran éxito. La lógica de La única es inherentemente violenta. Creernos que somos La única merecedora puede ser, como en los ejemplos de estxs dos colegas, paralizante, aislante e increíblemente dañino. Pese a que estes académiques tienen carreras exitosas (une de elles obtuvo la titularidad en una institución de élite), su flagrante complicidad con el proyecto colonizador universitario obstaculizó su capacidad de crear espacios de libertad para elles y para sus alumnes, porque su energía estaba enfocada en convertirse en Elle o La Única, exclusivamente. Esta lógica omnipresente amenaza la mera esencia de lo que somos y hemos sido como comunidad, cómo sobrevivimos frente a la supremacía blanca, y cómo crecemos y prosperamos como mujeres de color en la academia.

El proyecto colonizador y supremacista blanco de la universidad corporativa moderna respalda la representación minorizada, pero a través de un modelo de "diversidad e inclusión" que se basa en la dominación blanca. Las profesoras de color en instituciones predominantemente blancas, como nos recuerda la socióloga Ramona Hernández, son mano de obra desechable que sirve y apoya la creciente población de primera generación de estudiantes de color, pero que no han sido invitadas al entramado social de la institución como profesoras titulares, decanas o administradoras en una forma colectiva que aseguraría la verdadera representación y la posibilidad de un cambio sistémico[14]. Por ejemplo, según un informe publicado en 2019 por el National Center for Education Statistics (Centro Nacional de Estadísticas Educativas), el 6 por ciento de las profesoras asistentes en vías a la titularidad a nivel nacional son latinas. En rango de profesoras o catedrática con titularidad, somos solo el 3 por ciento. Mientras tanto, los hombres blancos ocupan el 34 por ciento de los puestos de profesor asistente y el 54 por ciento de posiciones de profesores con titularidad en todo el país[15]. Es notable que estos números no toman en consideración las distintas razas dentro de la comunidad latinx. Sería todo un reto encontrar una docena de latinas negras desempeñándose a nivel de profesoras con titularidad en las humanidades, por ejemplo, en todo Estados Unidos. En contraposición, las instructoras latinx componen el 32 por ciento de la mano de obra no titular, adjunta y temporal en nuestras universidades a lo largo y ancho de los Estados Unidos[16]. Estos números demuestran que en verdad no hay un problema de "diversidad", sino de poder. El cuerpo docente "diverso" (profesoras a tiempo parcial y adjuntas) está para enseñar la mayoría de los cursos, asesorar a las estudiantes y proporcionar apoyo al personal.

Sin embargo, cuando se trata de aquelles en proceso de titularidad (asistentes de cátedra, profesoras asociadas y con señoría), nuestro número está limitado, y nuestra capacidad de participar en la toma de decisiones se ve frustrada por la lógica persistente de La única. Esto asegura que el proyecto de la diversidad representativa y la inclusión permanezcan intactas (al tener a Una de nosotras para demostrar esa "diversidad") mientras, simultáneamente, nos niegan la posibilidad de rebelión contra el racismo sistemático en la institución. La rebelión efectiva requiere números. En cambio, las pocas de nosotras que nos rebelamos nos convertimos en blanco de represalias, exponiéndonos a la violencia institucional y arriesgando nuestras carreras.

Rebelarse siendo "La única" es un suicidio profesional

En mis años como profesora de estudios latinx, me rebelé, en voz alta y con fuerza, contra la lógica de La única y las formas sistemáticas en que la universidad se aseguró de que los campos de latinx y los estudios étnicos permanecieran marginales, a pesar del abrumador interés y las exigencias por parte de estudiantes en busca de apoyo institucional. Hubo momentos en los que mi rebeldía pareció impactante, ya que fui testigo de pequeñas victorias, como la creación de una especialización secundaria en estudios étnicos para estudiantes de licenciatura, un programa de certificado de posgrado en estudios latinx para estudiantes de doctorado, el crecimiento del número de estudiantes doctorales de color en mi programa, el aumento de un diálogo académico sobre la urgencia de crear un programa de estudios étnicos y la contratación de colegas de color. Paralelas a estas pequeñas victorias estuvieron los momentos inmensamente dolorosos de agresión que iban desde comentarios fuera de lugar de profesoras séniores y amenazas directas contra mi carrera, a que pintarrajearan la puerta de mi oficina con insultos raciales y la negación de mi titularidad. Incluso así, cuando miro hacia atrás y veo esta relación abusiva de ocho años con mi empleador, esas pequeñas victorias me llenan de esperanza de lo que es posible si seguimos creciendo y rebelándonos, no como individuos, sino como una comunidad.

En sus numerosos escritos sobre la enseñanza y el amor, bell hooks insistía en la construcción de comunidad como salvación. Escribió: "La comunidad amada se forma no por la erradicación de la diferencia, sino por su afirmación, por cada uno de nosotros reivindicando las identidades y los legados culturales que dan forma a quiénes somos y cómo vivimos en el mundo"[17]. Particularmente, para aquellas de nosotras que nos identificamos como BIPOC (negras, indígenas, y personas de color, según sus siglas en inglés) o mujeres de color que trabajamos dentro de marcos anticoloniales, la creación de conocimiento, la comunidad y la experiencia de cocrear son imprescindibles. Son las únicas formas de rebelarse críticamente contra el régimen colonial racial-capitalista que nos enfrenta a unas contra otras a través del discurso del excepcionalismo. La comunidad contradice (contradicta) la lógica omnipresente de Elle/El/La única[18].

Construir comunidad, no obstante, es casi la antítesis de la academia. Basada en un modelo de éxito individual que premia a los hombres blancos y el conocimiento que han creado durante siglos, la academia promueve la competitividad, el excepcionalismo y la apropiación de la historia y la construcción del conocimiento. Estamos preparadas para creer que "encontramos" la historia en un archivo y por lo tanto la poseemos. Se nos ocurren ideas acerca de los principales procesos de la sociedad (desde el colonialismo hasta los legados históricos de opresión), e imaginamos que, bajo ningún concepto, alguien más podría compartir pensamientos similares, incluso cuando estos se basan en experiencias humanas que compartimos. Mantenemos nuestro pensamiento crítico y nuestro saber cual rehenes, hasta recibir la bendición de la codiciada publicación por algún comité de revisión que nos pueda otorgar el título de propietaria.

En humanidades, únicamente los libros de una sola autora cuentan para la titularización; se desaconseja la enseñanza en equipo y, los proyectos grupales, aunque loables, son otra forma de trabajo no recompensado. Y, sin embargo, mientras esta lógica de la sospecha y de la propiedad individual del conocimiento domina todos los aspectos de la academia, desde las tareas de las estudiantes hasta las decisiones de titularidad, sabemos que la forma en que realmente crecemos como académicas y estudiosas es a través de los intercambios colectivos, de la generosidad y de la bondad. Es a través de interconectar unas con otras y a través de la diferencia (de la teorización de nuestra propia carne, como nos invita a hacer la escritora feminista latina Cherríe Moraga) que nos convertimos en mejores académicas, en mejores maestras y en seres humanas más sabias.

Estudiantes protestan por la denegación de la titularidad a García Peña en el campus de Harvard

A través de los altibajos de mi carrera académica, he pensado largo y tendido sobre el significado de ser La única, y la urgente e inequívoca necesidad de fortalecer y apoyar nuestras comunidades como mujeres de color en la academia frente a la supremacía blanca. Camara Brown, poeta y estudiosa feminista negra, nos recuerda que la atención, la afinidad y la amistad han sido las columnas del feminismo negro y de las mujeres de color[19]. Es por el profundo amor y el cuidado mutuo, y un deseo de solidaridad, que la antología fundacional feminista de mujeres de color, *This Bridge Called My Back* (Esta puente, mi espalda: Voces de mujeres tercermundistas en los Estados Unidos), de Moraga y Anzaldúa, pudo llegar a ser. Ese amor es un legado que viene de las experiencias de vida de ser y vivir en estos cuerpos y reconocer que, para sobrevivir a la opresión sistémica, el capitalismo racial y la supremacía blanca, el cuidado mutuo es tan importante como el cuidado personal.

En la República Dominicana, donde nací, las mujeres en las comunidades trabajadoras y agrícolas comparten la carga del día a día, incluyendo la crianza de las hijas, la cocina y la agricultura. En la comunidad rayana (fronteriza) de Jimaní, por ejemplo, las mujeres amamantan las bebés de las demás (una práctica impensable en el Norte Global), haciendo comunales las responsabilidades—y los cuerpos—de la maternidad. Yo he nombrado esta comprensión del mundo como la "conciencia rayana"[20]. La conciencia rayana también se manifiesta tácitamente en la praxis feminista como la práctica del cuidado comunitario de una mujer después de haber parido, el feminismo de la mesa de la cocina en el que las mujeres conspiran juntas para acabar con los agresores (tales como maridos abusadores y maltratadores), y el espacio político del salón de belleza, donde, como nos enseña la socióloga Ginetta Candelario, las inmigrantes en la diáspora obtienen acceso a todo, desde representación legal hasta cuidado para sus niñas[21]. Las mujeres de color se han estado cuidando unas a otras durante siglos. Es a través de nuestro cuidado comunitario que hemos logrado sobrevivir las atrocidades de la esclavitud, del colonialismo, del capitalismo y de la emigración. Es a través de nuestra dependencia mutua que nuestras historias, a pesar de haber sido borradas y silenciadas en los archivos oficiales, continúan emergiendo y siendo recordadas, para sostenernos.

Entonces, ¿cómo recordamos que debemos cuidarnos unas a otras, juntas, en la academia? ¿Cómo nos mantenemos en pie nosotras mismas y mantenemos a las demás frente a un régimen individualista capital-racial que insiste en que permanezcamos aisladas unas de las otras, que "eliminemos la competencia" para tener éxito a través de la lógica del excepcionalismo?

Primero, debemos reconocer y entender que nuestro legado, quiénes somos y cómo hemos llegado a ocupar el espacio que ocupamos en la academia—y en esta tierra—ha sido el resultado de rebeliones colectivas. Robin D. G. Kelley nos recuerda que "la resistencia es nuestra herencia" y nuestra sanación[22]. Para alguien como yo (una migrante, latina negra, hija de gente de clase trabajadora), el poder escribir, pensar y hablar desde este lugar de inmenso privilegio significa que muchas personas que vinieron antes que yo se rebelaron, en voz alta y persistentemente, para crear este espacio que ahora ocupo. Lucharon contra mis opresores. Luego convirtieron sus espaldas en puentes para que yo pudiera cruzar. Otras extendieron una mano para que yo no cayera. Incluso, otras me animaron mientras me iba cansando, y algunas se hicieron cargo cuando me agoté, sosteniéndome a mí y ese espacio hasta que estuve lista para continuar. Ninguna de nosotras llegó aquí por su cuenta. Otras personas que conocemos, y otras que no, se rebelaron para crear espacio, para hacernos sitio. El discurso de que llegamos por nuestra cuenta, con nuestras propias garras, es una invención tóxica.

En segundo lugar, debemos obligar colectivamente a las universidades a ver la violencia que perpetúan sobre nuestras personas, nuestros cuerpos, nuestras psiques y nuestra escolaridad. Los testimonios compartidos en los archivos del #BlackInTheIvory (Negro En El Marfil)—un proyecto de redes sociales a través del cual la gente comparte sus experiencias de violencia y opresión como académicas negras en las universidades estadounidenses—y en los dos tomos de la antología Presumed Incompetent, visualizan nuestro dolor colectivo. La repetición y el reconocimiento que experimenté al leer estos testimonios fue descorazonador. ¡Cuántas de esas historias eran mías! ¿Cuántas veces había vivido muchas de estas mismas experiencias? Esta violencia es una gran parte de nuestra experiencia colectiva. Y, sin embargo, sigue sucediendo. Estas experiencias serán los ritos de paso para la próxima generación de jóvenes académicas de la mayoría global. A menos que lo detengamos. A menos que nos rebelemos en comunidad para, como escribe Kelley, "alterar nuestras circunstancias; contener, escapar, o posiblemente destripar la fuente del trauma; recuperar nuestros cuerpos; reclamar y redimir a nuestras muertas; y completarnos"[23]. La rebeldía comunitaria es nuestro antídoto contra la violencia de ser La única.

El proyecto de "diversidad e inclusión" que muchas estamos obligadas a representar no conduce a la libertad ni a la justicia. Más bien, como la escritora feminista chicana Gloria Anzaldúa y, más recientemente, Sara Ahmed han argumentado, produce un lenguaje de comodidad que permite que la supremacía blanca nos nombre en el proceso mismo de la creación de nuestra exclusión. Siguiendo a Anzaldúa, Ahmed arguye: "Si la zona de diversidad es una de comodidad, entonces la diversidad podría proporcionar un cojín, tanto suavizando los bordes de la crítica y permitiendo que las instituciones sean rehabitadas como espacios más blandos"[24]. Tomemos, por ejemplo, la práctica relativamente reciente de leer los reconocimientos de las tierras antes de cualquier evento universitario en América del Norte. Docentes y administradores realizan la lectura del reconocimiento de la tierra de forma casi automática, sin contemplar las implicaciones de que la universidad reposa sobre terrenos robados, construida por mano de obra esclava, para sustentar y justificar el proyecto de la colonización exclusiva. En este reconocimiento de colonización no hay, por lo general, planes en pos de poner fin a la exclusión sistemática o de abolir el despojo, la violencia y la lógica colonizadora de la institución que perpetúa la desigualdad. ¿Qué significa decir "reconocemos que estamos situados en terreno robado" si a ese reconocimiento no le siguen prácticas institucionales dirigidas a reparar parte del dolor que se continúa infligiendo sobre las descendientes de los pueblos desposeídos, esclavizados y colonizados? Que tantas veces se lean reconocimientos de tierras en universidades que no tienen programas de estudios indígenas y estudios nativo-americanos, ejemplifica la hipótesis de Anzaldúa de que el lenguaje de la diversidad y la inclusión solo repite la violencia de la exclusión[25]. El despojo indígena continúa en el presente, incluso cuando las universidades lo perciben en el pasado; la exclusión se perpetúa en el acto mismo de reivindicar "la diversidad y la inclusión".

En tercer lugar, debemos insistir, por todos los medios necesarios, en el reconocimiento por la totalidad de nuestro trabajo: las horas dedicadas a apoyar al estudiantado de color que la universidad ignora; los meses de servicio en comités; el trabajo emocional y mental que se requiere de nosotras para existir como La única; el amor y cuidado que ponemos en nuestra enseñanza, consejería y tutoría; y la importancia de nuestro trabajo como intelectuales públicas. Ese trabajo "invisible" tiene que hacerse visible, debe ser evaluado, recompensado, valorado y remunerado tanto como nuestra investigación. Debe contar para la titularidad y las distintas promociones. Ese "otro" trabajo también debe ser requerido de todo el profesorado, no solo de La única. Debemos organizarnos colectivamente para retener nuestro servicio (nuestra participación en perpetuar la violencia y la exclusión de la universidad de élite) a través de boicots que saquen a la luz las prácticas institucionales injustas.

En 2020, la Universidad de Mississippi despidió a Garrett Felber, un brillante estudioso de la historia de la negritud y la afrodescendencia y un activista dedicado a la lucha contra el encarcelamiento masivo. Felber fue despedido por supuestamente "no comunicarse lo suficiente con su director de departamento". En sí, fue despedido porque tomó una posición en contra de la práctica universitaria de aceptar dinero de donantes que se benefician del sistema industrial penitenciario. Después de su despido, académiques por todo Estados Unidos nos comprometimos en boicotear Ole Miss, paralizando nuestro trabajo hasta que la universidad accediera a reintegrarlo. El boicot emitió un fuerte mensaje a la universidad, y a la academia en general, a la vez que desafiamos las prácticas cada vez más comunes de represalias contra catedráticas honestas que, en la última década, ha dejado a muchas eruditas esplendidas sin trabajo. Al final, tras una demanda, la universidad llegó a un acuerdo con Felber, quien ha seguido escribiendo e investigando en libertad. El boicot en apoyo a Felber es un ejemplo de cómo podemos responder eficazmente como comunidad frente a la injusticia valiéndonos de nuestra labor y recordándoles a las instituciones que, sin nuestro trabajo, ellas no pueden existir.

Finalmente, debemos rebelarnos—colectivamente, en voz alta, incansablemente—contra la lógica dañina de La única que amenaza nuestras carreras y nuestras vidas. La rebelión es un proceso comunitario. Requiere que todas nosotras reconozcamos, como nos instan a hacer las editoras de Presumed Incompetent II, que la academia está lastimando a las mujeres de color y, por lo tanto, debemos contraatacar: "Nos damos cuenta de que el mejor antídoto para esta enfermedad mortal es la comunidad y ser transparentes sobre los contextos hostiles vividos por demasiadas de nuestras colegas"[27]. Por lo tanto, debemos rebelarnos juntas, romper silencios, responder a gritos para devolver la incomodidad que nos hacen sentir al existir como extrañas dentro de la universidad, valernos de nuestra labor dentro de su proyecto de "diversidad e inclusión", retener nuestro trabajo cuando nuestro trabajo no es valorado o recompensado, negándonos a aceptar posiciones como La única (y nombrar nuestro rechazo públicamente), hacerles saber a nuestras estudiantes lo que significa ser La única cuando nos encontramos allí, y negarnos a permanecer en silencio. Pero, aún más importante, debemos rebelarnos creando comunidades de libertad dentro y fuera de la institución, tendiéndoles la mano a las demás y creando planes concretos para mantener nuestro trabajo y nuestras vidas. Esto puede tomar la forma de escritura colectiva, de escuelas de libertad, de cooperativas de cuidado donde las acciones políticas, sociales y humanas puedan ser articuladas y sustentadas para el mutuo apoyo. Yo he ayudado a construir tales espacios, y ellos me han salvado. En estas comunidades podemos sostenernos, darnos el beneficio de la duda, acoger un espacio de compasión. Podemos ofrecer una mano para sacarnos adelante, una espalda para ayudarnos a cruzar y un hombro donde podamos descansar la cabeza con seguridad por un breve momento hasta que podamos levantarla de nuevo y seguir adelante.

La comunidad es la forma más efectiva de rebelión.

2.

LISTA DE LECTURA

La complicidad con la blanquitud no te salvará

Cuando era niña, me encantaba sentarme en el mueble con mi papá a ver películas de acción de los ochenta (esas en las que había un atraco inteligente y un ladrón que se salía con la suya robando un banco o robándoles las joyas a la gente súper rica). Recuerdo sentir una especie de culpa moral por mi deseo de ver el ladrón salirse con la suya. ¿No era malo robar? ¿No debería estar del lado de la policía? Una vez, debo haber tenido siete u ocho años, le pregunté a mi papá si nos estábamos convirtiendo en cómplices del crimen al ver estas películas y animar a los "ladrones". Él hizo una pausa, sonrió y se me quedó mirando por un largo rato antes de responder algo hermoso e increíblemente profundo que, a través del defectuoso y nublado recuerdo de mi infancia (y después de múltiples intentos de reconstruir la escena con mi padre a lo largo de los años), he elegido memorizarla de la siguiente forma: "Complicidad significa que estás trabajando en pos o beneficiándote, de alguna forma, del delito. Tú y yo no hemos robado el banco, ni tenemos de ese dinero, ¿verdad? Eso es todo de mentira. Pero aquí hay una buena lección, mija. Siempre presta atención a los cómplices en cualquier situación mala, de las personas que te causarían daño solo para salir adelante, para obtener una parte del botín. Esas personas están en todas partes y, a veces, muchas veces, fingen ser tus amigas. Por otro lado, asegúrate de encontrar tus propios cómplices, la gente que te apoyaría y ayudaría a superar las cosas difíciles en la vida, eso también es necesario para sobrevivir en este mundo".

Si bien no comprendí en su totalidad el consejo de mi papá en ese momento, y aunque no puedo recordar textualmente todo lo que dijo, nunca he olvidado el significado de sus palabras; tampoco olvidé el sentido de malestar que provocaron en mí. Años después, esa inquietud continúa atormentándome al entender cómo la complicidad de mis colegas sostiene las estructuras colonizadoras de la universidad que producen la lógica de La única, excluyen al profesorado de color negándole el sentido de pertenencia.

¿Qué significa ser cómplice del proyecto colonizador de exclusión y despertenencia universitaria? Y, todavía más importante, ¿cómo nos protegemos del daño que tal complicidad puede infligir en nuestras vidas y carreras como académicas de color? ¿Cómo encontramos cómplices con quienes contraatacar?

Cuando contemplamos la complicidad, tendemos a pensar en la participación activa como un proceso: los ladrones que poblaron las películas de atracos de los ochenta y que yo veía con papi, por ejemplo. Pero la complicidad que experimenté en mi propia exclusión y extrañeza de la universidad (la complicidad que hace posible que la universidad siga existiendo a través y en armonía con la supremacía blanca) no es siempre activa. Más bien, está formada por la participación pasiva y tácita de profesoras y administradoras (particularmente, aunque no solo, profesores blancos), que se benefician de la desigualdad que estas estructuras mantienen. El mayor desafío en la lucha contra las estructuras colonizadoras de la universidad es, precisamente, sus cómplices. Las cómplices ocupan muchos espacios y juegan muchos roles en el proyecto de colonización. Ayudan a mantener el statu quo a través del cual la universidad profesa un compromiso con la diversidad y la inclusión, mientras continúa excluyendo nuestros conocimientos, nuestras gentes e historias con el uso de la ignorancia, el silencio, la codicia y el miedo. El mayor reto para quienes lideramos la lucha por la descolonización de la universidad es que sus cómplices son muchos, y muchas veces no están dispuestos a admitir su complicidad[1].

Consideremos nuevamente la titularización, esta vez como un sitio de complicidad. El profesorado de color, particularmente las mujeres negras y latinas, conforman menos del 2 por ciento de las profesoras titulares permanentes en los Estados Unidos[2]. Esto no es por falta de intento. Las probabilidades en contra de nosotras están apiladas desde el momento en que llegamos a la escuela graduada, hasta las etapas finales de nuestra promoción. Obtener la titularidad y ser promovida, siendo una mujer de color, son sucesos raros y difíciles. El hecho de que perder la titularidad signifique que debes irte de la universidad, que estás despedida, lo convierte en un proceso violento y traumatizante, como lo explica Grace Park en su poderoso ensayo "My Tenure Denial" (La negación de mi titularización):

> Una denegación de titularización hace parecer como si fuera responsabilidad exclusiva de la persona a la que se le niega la permanencia, pero también es prueba de la falla colectiva de un departamento e institución de orientar, integrar y ayudar adecuadamente a su colega menos experimentada en navegar las reglas ocultas, la cultura y la política de dicha institución. En definitiva, es una responsabilidad compartida, pero, debido a que el proceso no es transparente, puede que nunca se aborden los patrones sistémicos de sesgo, perpetuando así el mito de la meritocracia en la academia, invisibilizando los desafíos que enfrentan las mujeres de color en este proceso[3].

Las estructuras de titularidad y promoción en las universidades ponen sistemáticamente en desventaja al profesorado de color, impidiendo nuestro avance y poniendo en peligro nuestra libertad de expresión. Irónicamente, el mismo cuerpo docente que tiene más necesidad de las protecciones proporcionadas por la titularización—las profesoras negras, morenas, indígenas y asiáticas que trabajan en campos no tradicionales o que están involucradas políticamente en luchas de liberación—son aquellas para quienes la titularidad se ha convertido en una tarea tan difícil como escalar el Monte Everest. Y hay varias razones para ello:

Primero, como ilustran los ejemplos compartidos en el capítulo 1, muchas docentes de color están obligadas a pagar lo que Joann Trejo llama *"minority tax"* (el impuesto a las minorías), en el que el profesorado de color está cargado con responsabilidades adicionales para ayudar a la universidad a lograr sus objetivos de diversidad e inclusión. Para Trejo, el impuesto a las minorías logró no solo que ella estuviera sobrecargada de responsabilidades y sin tiempo para llevar a cabo su investigación, pero también le preocupaba que sus colegas en la facultad de ciencias no tomaran su trabajo en serio y "cuestionarán [su] credibilidad y compromiso con las ciencias"[4].

El impuesto a las minorías, junto a la falta de tutoría y apoyo institucional, a menudo conduce a prácticas laborales injustas, sobre todo la carga de realizar investigaciones en nuestro tiempo libre (casi como una ocurrencia tardía), mientras se nos evalúa para la titularidad única o principalmente en la cantidad y calidad de dicha investigación. Este sistema increíblemente injusto imita las estructuras colonizadoras del capitalismo racial en las que las trabajadoras negras, morenas, indígenas y asiáticas realizan la mayor parte de lo que ahora llamamos "essential labor" (trabajo esencial): trabajo que es crítico para la supervivencia y sustento de nuestra sociedad pero que está malamente recompensado, es peligroso para las personas que lo realizan, y visto por la sociedad como vulgar.

En el proceso, las trabajadoras esenciales de color están expuestas a daños y apenas ganan suficiente dinero para mantenerse. Durante la pandemia del virus COVID-19, hemos normalizado el elogio público performativo hacia las, los y les "trabajadores esenciales" (con letreros en nuestras ventanas y puertas, en discursos y así sucesivamente), sin embargo, hacemos muy poco para hacer que sus vidas sean más llevaderas: el salario mínimo no ha aumentado en la mayoría de los estados por casi una década, las protecciones sindicales son inexistentes para la mayoría de les trabajadores esenciales, y las comunidades de donde provienen han sido las últimas en recibir acceso a pruebas y vacunas contra el COVID-19. Además, muchas trabajadoras esenciales también son inmigrantes indocumentadas que están en riesgo de deportación. Hacemos muy poco para reconocer su trabajo esencial (en áreas como la agricultura, la entrega de comestibles y el cuidado de ancianas), y hablamos solo de su "sacrificio", como si dicho sacrificio fuera una elección y no el resultado de la desigualdad y del capitalismo racial. Hablamos de ellas como una masa, sin desentrañar jamás los matices de quiénes son: migrantes y personas de color minorizadas a quienes nuestro sistema capitalista explota para la comodidad del resto. Mientras que los desafíos que enfrenta el profesorado de color no están de ninguna manera a la par con los de las trabajadoras esenciales, provienen del mismo sistema racial-capitalista. Es decir, las universidades reproducen la desigualdad entre sus profesoras y estudiantes a través de actos excluyentes que promueven "la diversidad y la inclusión" y, al mismo tiempo, se asegura de que las personas que hacen que la universidad sea diversa vivan la violencia, la exclusión y la despertenencia.

Ese es el caso de una profesora asistente de estudios latinx en una universidad estatal de Nueva Inglaterra, a quien, para proteger su privacidad, llamaré María. Una mujer morena de la Costa Oeste, la única latina en una cátedra de humanidades en su institución.

María se acercó a mí después de haberse enterado en las noticias que me habían negado la titularidad; nos conocimos por Zoom a principios de 2020. En una de las múltiples conversaciones que tuvimos ese año, María me explicó cómo la complicidad de sus colegas blancas con más experiencia, junto al sistema explotador, había dado forma a su experiencia en la academia, lo que finalmente llevó a que a ella también le negaran la permanencia, y su futura salida de la academia:

> Yo estaba completamente desprevenida respecto a lo que el proceso de titularización implicaría. No me di cuenta de que serían seis trabajos en uno y que tendría veinte jefas diferentes. Esencialmente todas mis colegas con señoría me pidieron que hiciera cosas, que me uniera a comités, para ayudar con cosas, y nunca sentí que podía decir que no. Las pocas veces que traté de decir que no, me recordaban mi lugar, y mi posición como no titular. Trabajaba ochenta horas a la semana en preparación de clases y servicio. Simplemente no había tiempo para nada más. Cuando llegó mi evaluación de tercer año, tenía poco que mostrar en lo que a escritura se refería. A nadie le interesó ver los cientos de horas de servicio que me habían hecho completar. No hace falta decir que no me fue bien en dicha evaluación. Estaba claro que no lo iba a lograr, pero seguí intentándolo. Dupliqué mi investigación, me enfermé por falta de sueño. Publiqué, pero no fue suficiente. Tres años más tarde, me negaron la titularidad a nivel departamental. Dejé la academia. Todavía estoy desconsolada por ello[5].

Al recordar su experiencia de antaño mientras compartíamos un cafecito vía Zoom, los ojos se le llenaron de lágrimas. El trauma aún era visible en su cuerpo. Ninguna colega había defendido o apoyado a María. Por el contrario, cosecharon los beneficios de su explotación por parte de la universidad, ya que, el trabajo esencial que ella realizaba les quitó un peso de encima. Los cursos de María, los más poblados del departamento, atrajeron a muchas estudiantes negras y morenas de primera generación, haciendo que el departamento fuera más "diverso" y, por lo tanto, exitoso ante los ojos de la administración[6]. Para María, esto significaba que tenía más trabajos para calificar, más estudiantes a quienes proveer servicio y horas de oficina más largas. Para sus colegas, significaba que ahora eran parte de una facultad dinámica y exitosa sin tener que invertir la cantidad inhumana de horas de trabajo que María le dedicaba a la enseñanza y al servicio. El hecho de que la matriculación influya en cómo la administración asigne recursos, también significaba que las colegas de María, particularmente sus colegas con más experiencia, se beneficiaron del apoyo institucional, de la financiación y de otros recursos debido a su (de María) trabajo. No obstante, las contribuciones de María nunca fueron reconocidas. Ella recuerda: "Yo me sentaba en las reuniones, mientras el director del departamento, un hombre blanco, se jactaba con orgullo de la cantidad de nuevas especializaciones y por nuestro crecimiento en diversidad; ni una sola vez reconoció mi trabajo. ¡Estas eran mis alumnas! Yo traje a estas jóvenes a la facultad. Yo las asesoré. Estaban allí por mí. Mis colegas tomaron mi trabajo y lo hicieron suyo, esto, mientras me desaparecían"[7].

Que nos desaparezcan y se apropien de nuestro trabajo es algo demasiado familiar para muchas mujeres de color en la academia. Para mí, el ejemplo más tangible de que me invisibilizaran vino en forma de una nota enviada por la decana de artes y ciencias a les profesores y estudiantes, el 9 de diciembre de 2019[8]. El memorándum fue una respuesta a las exigencias de les estudiantes de estudios étnicos tras la negación de mi titularidad. En el memorándum ella enumeró los "increíbles avances" que la universidad había conseguido en el campo de estudios étnicos y su esfuerzo personal en apoyar dicho campo. Estos avances incluían la creación de una especialidad secundaria, un certificado de posgrado en estudios latinx y un programa posdoctoral. Todos estos logros fueron iniciativas que habían avanzado por mí; todos eran fruto de mi trabajo. A pesar de eso, la decana manifestó su compromiso y los logros de la universidad y no me dio crédito. Mi trabajo se convirtió en su trabajo mientras yo era borrada del trabajo que había realizado durante casi una década.

Jane, una profesora negra experta en estudios caribeños, con plaza en una universidad de élite en Nueva Inglaterra, también experimentó ser desaparecida cuando su trabajo fue cooptado por su departamento y colegas (blancas) con señoría. Ella había desarrollado un plan de estudios, una serie de conferencias y un programa de tutoría que ayudó a que la facultad prosperara[9]. Sin embargo, no solo no fue recompensada por su labor, sino que encima fue desplazada, y su papel fue repentinamente borrado de toda la documentación escrita del departamento. De manera proactiva, Jane fue a ver a su decano en busca de apoyo. Ella recuerda: "Estaba furiosa. Quería reconocimiento, sí, pero más que nada, quería que eso parara"[10]. En su reunión, el decano, que es un hombre negro, asintió y se solidarizó con ella, pero no ofreció ninguna solución. Jane recuerda haberse sentido mal físicamente mientras le explicaba las injusticias que había vivido en su cátedra, solo para que él asintiera y admitiera que así eran las cosas. A diferencia de María, que dejó la academia, Jane luchó con uñas y dientes para que la reconocieran y, al final, obtuvo su titularización en una universidad pública ubicada en la parte conocida como Midwest, en los EE. UU. Empero, su lucha, y aún más importante, "la complicidad de mis colegas con el sistema que casi me mata", tuvo un alto costo para su salud física y mental. Empezó a padecer una enfermedad crónica, depresión y ansiedad y exhibió síntomas de TEPT durante casi una década[11]. El impuesto a las minorías y la invisibilización de nuestro trabajo son las principales formas por las que las plazas permanentes (la titularidad) se vuelven inalcanzables. Con mayor importancia, como nos recuerda Esther Ohito, aunque no haya datos cuantificables que lo demuestren, sabemos (María, Jane, tú y yo sabemos) que las mujeres negras y las mujeres de color nos estamos enfermando y muriendo en la academia.

> Algunas de nosotras decaemos a medida que las enfermedades ingieren nuestros cuerpos y psiques. Algunas de nosotras ocupamos espacios académicos donde nuestra competencia se cuestiona continuamente, y morimos lentamente al inhalar los venenos emitidos en esos ambientes nocivos (Esnard, en 2019, por ejemplo). Algunos de nuestros cuerpos se consumen a sí mismos mientras intentamos abrirnos paso a duras penas en los "centros hegemónicos de la academia", que "no pueden desasociarse de la larga maquinaria histórica de esta organización social genocida y protogenocida" (Rodríguez, 2012, pág. 812). Algunas de nosotras, como June Jordan y Audre Lorde— quienes enseñaron respectivamente en la Universidad de California, Berkeley y en John Jay College of Criminal Justice y Hunter College (CUNY)—, morimos de cáncer a pesar de obtener reconocimientos y elogios de la academia. Como Thea Hunter, una profesora que se marchitó en las entrañas de la academia, algunas de nosotras morimos y luego decaemos (o, por el contrario, decaemos y luego morimos), con nuestra hambre voraz de legibilidad dentro de la gramática de esta red insaciable (Harris, 2019). Algunas de nosotras nos marchitamos y morimos despojadas de reconocimiento porque la academia priva nuestras formas de vivir, de conocer y de ser (humanas), y las formas asociadas de amar, herir, sanar, de duelo y supervivencia[12].

La universidad nos está matando. Nuestros cuerpos están siendo sacrificados al servicio de su proyecto "esencial" de diversidad e inclusión.

Más allá de la titularización, otro obstáculo que enfrentamos como estudiosas de color en la academia, particularmente si trabajamos en campos de estudios étnicos, es la suposición de que, si nuestro trabajo se enfoca en las comunidades minorizadas de las que, da la casualidad, somos parte (como es el caso de académicas latinx que están en cátedras con enfoques en latinx), se nos percibe como menos serias y menos doctas. Como una de mis colegas blancas puso en su evaluación acerca de mi labor, "Tu trabajo no es erudición, es activismo". Otra condición súper exclusiva de la academia es que todas las decisiones sobre nuestras carreras, desde la admisión en programas de doctorado hasta la obtención de un puesto de trabajo, se realizan en gran parte por colegas. El hecho de que, para muchas de las que trabajamos en campos interdisciplinarios más pequeños como los estudios étnicos, nuestro trabajo sea evaluado por profesoras que no están equipadas con el conocimiento ni las herramientas para evaluarlo adecuadamente significa que el sesgo, el racismo y la ignorancia de nuestras colegas moldean nuestra posibilidad de tener éxito en formas tradicionales: conseguir un trabajo, conseguir un ascenso, publicar un libro, obtener una beca o una subvención y recibir una plaza permanente. Ese fue el caso de Albert Laguna, profesor asistente de cátedra de estudios latinx en Yale, a quien se le negó la titularización en 2018 (aunque el caso más adelante fue anulado gracias a los esfuerzos de organización de estudiantes y el profesorado); el caso de Paul Harris, profesor asistente de educación en la Universidad de Virginia, cuya denegación de titularidad en 2019 fue también revocada; y de Nikole Hannah-Jones, a quien la Universidad de Carolina del Norte, en Chapel Hill, le negó la permanencia en 2021, a pesar ser una autora ganadora del Premio Pulitzer y de ser muy respetada en su campo. El trabajo de Hannah-Jones fue devaluado y considerado sospechoso y, supuestamente, políticamente motivado, tanto por su raza como por su dedicación al estudio de la historia de la negritud y la afro-descendencia. En los tres casos, su trabajo fue leído como inadecuado, contemplativo y "angosto" (poco abarcador), por parte de la población mayoritariamente blanca de profesoras sin experiencia en dichos campos, que les evaluaron para la titularización.

Si bien el proceso de solicitud de revisiones por parte de expertos en el campo está destinado a producir una evaluación anónima y adecuada del valor de la candidata, en muchos casos, estas recomendaciones externas son desestimadas, especialmente si quienes recomiendan son también profesoras de color. La evaluación y el resultado del proceso de revisión de la titularidad demuestra, no solo el prejuicio institucional arraigado contra el profesorado de color, sino también la ignorancia del profesorado en campos tradicionales para juzgar trabajos interdisciplinarios, trabajos centrados en la raza y la justicia racial, y trabajos que involucran comunidades minorizadas de color. Mi propia investigación, que se centra en la latinidad negra, fue descrita como "demasiado limitada" por un colega en el comité ad hoc que anuló la recomendación del departamento para mi titularidad en 2019 (en un departamento en el que las personas típicamente dedican sus vidas a estudiar el mismo tema limitado a un solo autor). Irónicamente, después de mi despido, un hombre blanco que escribe sobre personas afrolatinx en el mismo "angosto" campo en el que yo trabajo, fue contratado con una plaza permanente como el nuevo experto en estudios latinx. Nuestros campos, como nuestras personas, se perciben como no esenciales, incluso cuando nuestro trabajo en pos del sostenimiento del proyecto universitario colonizador de la diversidad y la inclusión se ofrece como esencial.

La complicidad con el proyecto colonizador de la universidad es un requisito para la titularidad. Para pertenecer, para ser parte del club del profesorado permanente debes creer y profesar que el proceso de titularización es de hecho justo e imparcial. De lo contrario, pones en peligro el éxito del proyecto de titularización. Es decir, admitir que el proceso de titularidad y de la promoción está empañado con prejuicios, racismo, discriminación e ignorancia, y sostenido a través de sistemas laborales desiguales e injustos basados en el capitalismo racial y las estructuras colonizadoras de explotación y la exclusión, también significa admitir que te beneficiaste de ello mientras otras personas sufrían. Descolonizar la universidad requiere que la gente reconozca su propia complicidad en y con el proyecto colonizador de la universidad y que haga esfuerzos para cambiar esas estructuras, incluso cuando se benefician de ellas. Para descolonizar la universidad, deberíamos tener que admitir que nuestros éxitos no son únicamente el reflejo de nuestra labor, sino también el resultado de la inequidad institucional.

Aunque la titularidad es un ejemplo muy tangible de las formas en las que las profesoras se vuelven cómplices de la universidad, hay muchas otras formas en las que esta complicidad se promulga a diario. Tomemos como ejemplo el caso de María, mencionado anteriormente. La explotación laboral a la que fue sometida beneficiaba directamente a sus colegas, quienes fueron efectivamente liberadas de ese trabajo adicional y, por lo tanto, estaban libres para proseguir con sus investigaciones. Que sus clases fueran mucho más grandes en promedio significaba que María trabajaba más que sus colegas, probablemente con un salario más bajo. Sin embargo, nunca nadie expresó su desacuerdo ni señas de estar molesta con esta carga disímil; tampoco alzaron la voz en apoyo ni para recompensarla por el trabajo extra que ella estaba llevando a cabo para beneficio de toda la facultad. Por el contrario, constantemente se le pedía que hiciera más. Después de su salida de la universidad, María fue reemplazada por otra mujer de color que dejó dicha cátedra tres años después debido, en gran parte, a las prácticas de explotación laboral que amenazaban su sustento y obstaculizaban la posibilidad de que obtuviera una plaza permanente. Estas vivencias no son únicas. La exfacultad de María no es la única que funciona de esta manera. Más bien, la complicidad que dio forma a la violencia y a las prácticas de explotación que María tuvo que soportar es sistémica a la universidad que continúa fungiendo como un espacio colonizador. Es decir, la universidad imita la misma dinámica de poder y la opresión que dominan la nación.

En Estados Unidos, estas dinámicas son, a su vez, complicadas por su papel como imperio en todo el mundo, y por su identidad como una nación que se independizó sin asegurar la equidad y la libertad de todo su pueblo. Recordemos que en los Estados Unidos se abolió la esclavitud ochenta y nueve años después de la independencia. Lo que cambió: los amos, no el sistema. El legado colonial que condujo a la independencia de los Estados Unidos sin la libertad de la gente negra; que sostuvo al Jim Crow, la Ley de Exclusión China y la Operación Wetback (Espalda Mojada); dando paso a la aprobación del "Muslim travel ban" (la prohibición de viaje a los musulmanes), el enjaulamiento de niñas en la frontera entre Estados Unidos y México, y el asesinato de personas negras a manos de la policía, sostiene también las estructuras institucionales de la universidad moderna estadounidense.

Los sistemas coloniales dividieron eficazmente la humanidad en dos grandes categorías: las personas que pertenecen (típicamente hombres blancos europeos) y las que no (todas, todes y todos los demás). El fin de todo régimen colonial—la universidad supremacista blanca incluida—requiere rebelión.

El silencio, el cómplice

El silencio ante la injusticia suele ir acompañado de palabras de consuelo y apoyo ofrecidas en privado a la parte agraviada. Esta es otra forma de complicidad. A lo largo de los años, cuando cuestionaba algún punto en las reuniones de la facultad o en comités o me reunía con la administración sobre asuntos relacionados con la admisión de estudiantes de color a programas de posgrado, la inequidad en las prácticas de contratación, la falta de programas de estudios étnicos, la necesidad de apoyar a estudiantes indocumentadas, y muchas más injusticias en el campus, a menudo me encontraba sola en mi tarea. Después, sin embargo, alguien indefectiblemente se acercaba para animarme y me decía: "Me alegro de que hayas planteado ese tema" o "Lo que fulana de tal te dijo en esa reunión fue tan horrible". En 2014, durante una reunión sobre la admisión de estudiantes de posgrado, al profesorado se nos pidió que discutiéramos una carta escrita por estudiantes graduados, en su mayoría blancos, que pedían al programa que hiciera un mayor esfuerzo para admitir estudiantes de color. Les profesores permanentes de raza blanca se sentaron alrededor de la mesa de reuniones en el salón. Las tres mujeres (de color) afiliadas y todas las estudiantes graduadas tuvieron que sentarse en la periferia en la parte posterior de la sala. Cuando comenzó la reunión, uno de los miembros del cuerpo docente (un hombre blanco, exjefe de cátedra), levantó la voz con entusiasmo para defender la blancura del estudiantado. "Hemos tratado de admitirlas [les estudiantes de color]", dijo, "pero ¿qué podemos hacer si *la calidad de la mente* no está ahí?" (énfasis añadido). Cuando le pedí explicar qué significa exactamente "la calidad de la mente", pasó a aseverar que las estudiantes de posgrado de color estaban interesadas solo en "asuntos raciales y en el presente", y agregó: "¿Cuántas estudiantes que estudian el sufrimiento de la gente negra y morena podemos realmente admitir?". Aunque había tanto que yo quería decirle a mi colega racista, me quedé callada. El impacto de su flagrante racismo se apoderó de mi cuerpo. Me enfermé y vomité en la reunión. Todavía creo que esa fue probablemente la respuesta más apropiada.

Muchos recuerdos se quedaron conmigo después de esa reunión: el uso de la frase "calidad de la mente", la cual oía una y otra vez y siempre me producía arcadas; la narrativa visual del salón en el que nosotras, las tres mujeres de color miembros del cuerpo docente estábamos sentadas en la parte de atrás, nunca invitadas a compartir nuestra opinión, incluso cuando el tema en discusión eran las estudiantes a quienes les estábamos sirviendo y las futuras estudiantes de color que, de ser admitidas, sin duda nos pedirían servir; pero, sobre todo, lo que se me quedó grabado fue el silencio de mis colegas, su pasividad y complicidad con el racismo del exdirector. Tras la reunión, algunas compañeras escribieron para ofrecer su "apoyo" o expresar su desacuerdo con dicha opinión. Querían asegurarme de que no eran (tan) racistas. Pero estas certezas fueron ofrecidas en privado. Raras veces estas colegas alzaron la voz en público. Este silencio en público y apoyo en privado es una forma de complicidad. El silencio es violencia. Mientras que las miembros del cuerpo docente hagan frente a las injusticias y al racismo a solas o en pequeñas cantidades, esto seguirá ocurriendo. Si la administración puede contar con el silencio cómplice del profesorado, las estructuras de inequidad permanecerán intactas. La complicidad sostiene estas estructuras.

Una de las principales vías a través de las cuales la universidad hace del profesorado sus cómplices es a través del silenciamiento, incluyendo la confidencialidad en las estructuras de evaluación, contratación, permanencia y promoción. Cuando me negaron la titularización, no me ofrecieron ni una sola explicación de por qué. Tras pasar ocho años trabajando para una institución, de obtener excelentes evaluaciones sobre mi enseñanza, y de haber logrado una activa y exitosa agenda de investigación, yo marcaba todas las casillas para un caso de titularidad exitoso. El jefe de cátedra y el decano me habían asegurado que mi caso era tan perfecto como era posible. La noticia de la negación conmocionó a todas menos a mí. Yo nunca había confiado en el sistema; siempre estaba al pendiente de que algo saliera mal, porque, como mujer de color en el mundo académico, había sido entrenada para hacerlo. Esperaba totalmente que la "calidad de mi mente" se pusiera en duda. Para lo que no estaba preparada era para el silencio de mis colegas. Solo un puñado de colegas levantó la voz y compartió conmigo toda la información a la que tenían acceso; todas las demás permanecieron en silencio. En privado, me expresaron su indignación y me ofrecieron sus condolencias, pero se negaron a convertirse en mis cómplices, manteniendo en cambio su lealtad hacia la universidad. Una colega (a quien yo consideraba amiga y que se había sentado en el salón donde se tomó la decisión sobre mi titularización), me eclipsó y nunca más respondió mis llamadas telefónicas ni mis correos electrónicos. Otra colega, una mujer de color, que también se había sentado en dicho salón, admitió que ella sabía lo que había sucedido y que era "jodido y racista", pero que no compartiría conmigo información sobre el proceso. Por un año traté de entender con exactitud cómo se tomó aquella decisión. Yo sabía que la razón había sido mi "extrañeza". Sabía que como afrolatina que se manifestó abiertamente en contra de las estructuras colonizadoras de la universidad, me había vuelto peligrosa y tenía que ser borrada. Pero quería saber más. Quería saber cuál de mis colegas había tomado la decisión y necesitaba saber cuál había sido la justificación oficial. Las colegas que sabían estas cosas guardaron silencio. Fueron cómplices de mi despido. El silencio ayuda a sostener las estructuras colonizadoras, racistas y excluyentes de la universidad de élite.

A principios de la primavera de 2021, me pidieron que hablara ante un grupo de profesores miembros de una pequeña institución al servicio de comunidad latinx sobre cómo navegar por la academia siendo una persona de color en proceso de titularización. La conversación fue una de las más desgarradoras de mi carrera. Se llevó a cabo en un entorno íntimo, con menos de una docena de miembros del cuerpo docente, la mayoría eran mujeres latinx y negras. La conversación, que se suponía duraría una hora, se extendió por más de tres. Todas tenían preguntas. Cada pregunta vino con una historia; algunas llegaron con lágrimas. Todas maldijimos y suspiramos al reconocernos en cada una de esas historias. Una profesora asistente afrolatina compartió que la habían hecho enseñar cursos adicionales para cubrir la licencia sabática de su colega con señoría, básicamente duplicando su carga docente sin compensación adicional. Una conferencista negra compartió que sus colegas esperaban que ella hiciera trabajos administrativos para ellas, como fotocopiar y hacer mandados, además de enseñar y asesorar. Palabras como "abusivo", "violento" y "racista" se utilizaron para describir estructuras institucionales y a les colegas con señoría blancas cómplices de sostenerlas. Después de la catarsis, de las lágrimas, las maldiciones y las risas, una de las miembros del cuerpo docente me preguntó: "¿Cómo hacemos para que nuestras colegas entiendan la importancia de nuestro trabajo? ¿Cómo hacer para que les importe? ¡Yo quiero que se preocupen por nuestras estudiantes! ¡Quiero que vean lo que estamos haciendo!". El grupo completo asintió. Mientras miraba fijamente el grupo, una cosa se hizo clara: somos un grupo que está muy cansado. Nuestro agotamiento es ancestral. Vivir en los Estados Unidos en el contexto de una pandemia—vivir "en vela", como lo llama la académica Christina Sharpe—lamentando nuestras pérdidas y forzadas a aplazar nuestras vidas completas, tratando constantemente de sobrevivir ante la antinegritud y la supremacía blanca, viviendo en estos cuerpos racializados, constantemente desvinculados, destinados a la otredad, son tareas insuperables, y estamos cansadas[14]. No deberíamos tener que vivir así. Muchas de nosotras nos convertimos en académicas porque esperábamos contribuir al conocimiento que ayudaría a cambiar la inequidad en nuestro país, en nuestro mundo. Descubrir que, en vez de ser el lugar donde esto es posible, la academia es simplemente un microcosmos de todo lo que está mal con el mundo, es desgarrador. Las que somos madres y tías de niñas negras y morenas sabemos que debemos enseñarles muy temprano cómo sobrevivir allá afuera: cómo mantenerse a salvo y con los pies sobre la tierra, cómo cuidar de sus corazones y de sus cuerpos. Como estudiosas de color, necesitamos hacer lo mismo con nosotras mismas, debemos ser nuestras propias tías. Debemos hacer esto también por y para nuestras colegas jóvenes y estudiantes de posgrado. Necesitamos recordarnos a nosotras mismas que debemos cuidarnos, ponernos a salvo, ser cautelosas, encontrar nuestra tribu, cuidarnos de las cómplices, no convertirnos en cómplices del sistema que nos destruye, y cuidar nuestros corazones. Estamos agotadas, y el camino es demasiado largo y, a menudo, demasiado solitario. No podemos sobrevivir la academia sin acompañamiento.

Y, sin embargo, para muchas de nosotras, especialmente las estudiantes graduadas de primera generación y profesoras de color, el camino para encontrar nuestra comunidad es lento y tortuoso. A menudo lleva años de intentar y caer, aguantando la violencia institucional en silencio. Como estudiantes de posgrado, no siempre encontramos mentoras que nos apoyen. Incluso cuando trabajamos con profesoras empáticas, ser de primera generación y negras o morenas y pobres significa que comenzamos nuestro viaje a pie, mientras otras transitan a bordo de un tren. Significa que hay mucho que no sabemos. Muchas veces ni siquiera sabemos por dónde empezar el viaje para aprender sobre la profesión. Cometemos muchos errores, y nuestros errores son a menudo malinterpretados como producto de la falta de interés o disciplina, pereza, u otro déficit personal. Si bien tuve muchas profesoras amables a lo largo de mis estudios de posgrado, que realmente querían que yo tuviera éxito, con frecuencia experimenté aislamiento y vergüenza en mis interacciones con ellas. No es solo que no tuviera respuestas, sino que ni siquiera sabía qué preguntas hacer. Cuando me gradué de la Universidad de Michigan con un doctorado en estudios americanos, no estaba preparada en lo absoluto para el mundo académico. No había entrado al mercado laboral, ni tampoco sabía cómo hacerlo. No sabía cómo ponerme en contacto con las editoriales académicas o cómo publicar artículos. No tenía ni la menor idea de lo que me esperaba del otro lado. Tenía un PhD y la verdad es que no sabía qué hacer con él. Me sentía perdida. Muchas personas comparten experiencias similares. Proveer tutoría a estudiantes de color de primera generación es una experiencia importante, difícil e increíblemente gratificante. Requiere conocimiento, paciencia, empatía y compasión. Requiere que las profesoras eviten suposiciones acerca de las estudiantes y, en su lugar, hagan preguntas para educarse a sí mismas. A través de los años, cómo apoyar a los estudiantes de primera generación se convirtió en mi meta, me he encontrado llorando con ellas, ofreciéndoles revisiones línea por línea de su trabajo, pagando boletos de avión y comprando trajes para entrevistas, entre otras necesidades. Ser tutora de estas estudiantes me exigió mostrar mis propias vulnerabilidades y a mis alumnas les permitió mostrarme las formas en que yo podía apoyarlas, en lugar de asumir que yo sabía lo que necesitaban. Es el intercambio más increíble, una enorme responsabilidad, y el mayor honor de mi carrera. Acompañar a mis alumnas a medida que aprenden y desaprenden también ha sido una forma de construir comunidad y crear espacios que me sustentan.

Después de graduarme de Michigan, tuve la suerte de recibir una de las becas de Future of Minority Studies (Estudios sobre el futuro de las minorías) en la Universidad de Syracuse. Fui recibida por la Facultad de Estudios de Mujeres y Género. Durante seis meses, estuve rodeada por el cuidado y la tutoría de académicas feministas y BIPOC, como Chandra Talpade Mohanty, Linda Carty y Silvio Torres-Saillant. Me tomaron de la mano y me ayudaron a superar mis inseguridades y mi profunda ignorancia de la profesión, y me brindaron retroalimentación sincera y reflexiva, y esto me colocó en el camino correcto para que yo me convirtiera en la académica que ahora soy. Su apoyo y bondad también me modelaron el tipo de maestra y mentora en la que esperaba convertirme. Su acompañamiento me mostró que, de hecho, otra manera es posible.

Ese mismo año, al solicitar para un puesto de profesora asistente de cátedra, y debido a una falla en el sistema de envío electrónico, recibí una copia de una carta de recomendación escrita en mi nombre por uno de mis profesores en Michigan, un hombre blanco. La forma en la que me describió fue reveladora. En su carta, escribió: "Lorgia viene del gueto. Que ella haya logrado superar la violencia, la pobreza y la vergüenza de sus antecedentes, y haya terminado una tesis ya es un gran logro". El hecho de que mi profesor me viera como una niña "del gueto", para quien la academia era un espacio inalcanzable, había puesto una gran distancia entre nosotras, haciendo difícil para mí conectar con él intelectualmente o de cualquier otra manera. Leer su carta fue muy liberador. Durante años me había culpado por no saber todo lo que no sabía. Me había sentido avergonzada por no saber cómo cultivar el tipo de relación que veía que algunas de mis amigas estudiantes de posgrado tenían con sus profesoras. Siempre me sentí como una molestia y una carga, lo que me dificultaba enormemente pedir ayuda. Leer la carta de recomendación de mi profesor blanco me permitió ver que la cuña que nos dividía, y que en última instancia logró que yo saliera de la escuela de posgrado sin entender completamente qué era la academia y cuál sería mi papel en ella, era la causa de mi "extrañeza". Él no podía verme ni a mí ni mi escolaridad más allá de mi origen porque, para él, la gente como yo no podía pertenecer. Quien yo era ante sus ojos (una niña "del gueto", una inmigrante, una persona pobre) determinó hasta dónde pensaban que yo podía llegar. Completar la disertación era suficiente, tal vez incluso demasiado, para una niña del gueto.

Años más tarde, compartí la carta con una amiga académica con señoría, especializada en estudios latinx. Ella me recordó que el proyecto de "diversidad e inclusión" es precisamente producirnos como "niñas del gueto" y solo de ese modo porque eso facilita el discurso del salvador blanco. Asimismo, esto le permite a la universidad darse palmaditas en la espalda y sentirse orgullosa de su llamada inclusión mientras sostiene las estructuras de inequidad que perpetúan la cuña entre mi profesor y yo, entre ellas y nosotras. La evaluación de mi profesor hacía mí (una niña del gueto), me encapsuló dentro del marco de la diversidad y la inclusión, reduciéndome a una mercancía, una figura exótica, mientras que mis aportes intelectuales permanecieron faltos de reconocimiento. Su lectura de mi persona como una niña del gueto nombra la violencia del racismo científico. Es una manifestación en pleno siglo XXI de la medición craneal.

Haber sido señalada como la niña del gueto fue un recordatorio de que, de alguna manera, mi admisión a un programa de posgrado o que yo sea contratada en un trabajo académico es distinto: no es el resultado de la "calidad de la mente", sino más bien una especie de plan de caridad para crear "inclusión". Se asume que seamos incompetentes desde el momento en que llegamos. Es decir, la inequidad precede a nuestra inserción en la academia. Junto al proyecto elitista, supremacista blanco y excluyente de la "diversidad", esto predetermina cómo somos asesoradas, cómo se lee nuestro trabajo y si las personas en el poder invierten o no en nuestro futuro. El papel que esto juega en la vida de muchas estudiantes de posgrado es muy tangible: se les niegan becas, no se les ofrecen las más gratificantes oportunidades de trabajo en la enseñanza y, a veces, ni siquiera se enteran de las posibilidades y opciones disponibles en sus campos particulares de estudio.

Entonces, ¿cómo sobrevivimos en la academia como académicas de color de primera generación? ¿Cómo encontramos comunidad en medio de esta violencia? Y, para parafrasear a una de mis colegas durante la reunión de profesores a la que fui invitada a liderar en la primavera de 2021, ¿cómo hacemos para que a ellas (a nuestras colegas blancas) les importe?

Para tener comunidad, debemos estar en comunión. Es decir, debemos insistir en la comunidad como una acción, como un verbo. A pesar del tortuoso camino, en el proceso encontré a mis cómplices en la lucha por descolonizar la universidad: compañeras ajenas a mi institución que leyeron mi trabajo, que me escucharon y me animaron a seguir adelante, quienes, generosamente, compartieron sus propias historias de luchas y supervivencia y me apoyaron cuando la universidad no lo hizo. Requiere trabajo, construir espacios, hacer espacio y permitirnos ser vulnerables y honestas. Las comunidades pueden ser grandes o pequeñas, elaboradas o simples. Algunas de las comunidades que he ayudado a construir consisten en la simple práctica de partir el pan juntas. Cocino para la gente, les abro las puertas de mi casa, y les permito estar unas con otras, compartiendo espacio y cuidado. Otros espacios requieren construcción y apoyo institucional. Organizo pequeños simposios, conferencias y talleres destinados a apoyar a las jóvenes académicas de color. Condujo grupos de escritura. Con el tiempo, estos esfuerzos han dado fruto. Me han permitido construir redes y comunidades de cómplices que estarían dispuestas a pelear conmigo. Así es como sobrevivimos, prosperamos y nos defendemos. Así nos rebelamos. Sin embargo, encontrar estas redes lleva tiempo. Con frecuencia es difícil, especialmente para las personas que viven en entornos más pequeños y aislados. Requiere confiarles nuestro trabajo, y de vez en cuando nuestro corazón, a personas que a veces no conocemos bien, con la esperanza de que sean "una de nosotras". Es un riesgo, pero es uno que vale la pena tomar. Debemos encontrar un camino a seguir que permita más oportunidades públicas para crear redes de apoyo, particularmente para jóvenes académicas y estudiantes de posgrado, en las que la información pueda ser compartida, y la afinidad y la colegialidad puedan florecer. Para quienes somos profesoras titulares, que estamos seguras en nuestros trabajos, esto significa que debemos tomar la iniciativa, no solo denunciando la complicidad con la violencia allí donde la veamos, sino también en la creación de espacios alternativos (físicos, virtuales, emocionales e intelectuales) para sostenernos. El camino es largo, así que necesitamos parar y recargar, descansar para seguir caminando.

No podemos obligar a nuestras colegas a ser aliadas; no podemos hacerles ver lo que está justo en frente de sus ojos, pero se niegan a reconocer. Pero podemos insistir en que nuestro trabajo se haga visible, reconocido y compensado. Para eso, tenemos que ser como los ladrones en las películas de mi papá. Debemos encontrar nuestra gente, y juntas debemos tomar los recursos disponibles para nosotras a través de nuestras instituciones y utilizarlos para construir espacios que nos sustenten. Así es como lo hacemos. Así es como prosperamos. También tenemos que trabajar juntas en comunidad para crear prácticas efectivas de boicot, idear formas sostenibles de retener y sacar ventaja de nuestra mano de obra cuando sea necesario. Tenemos que decirle no al trabajo institucional en comités de "diversidad e inclusión", ya que sabemos lo que implica dicho trabajo y que nunca se traduce en una acción que realmente beneficia a nuestras estudiantes o profesorado de color. Podemos decir no a servir como La única— prestándoles legitimidad a través de nuestra representación—a lo que es esencialmente un proyecto de exclusión. Cuando decidamos servir, tenemos que aprovechar nuestro servicio, cuantificar nuestro trabajo y exigir compensación. Esto lo podemos hacer, por ejemplo, requiriendo tiempo libre de la enseñanza a cambio del servicio que proveemos. Insistir en el valor de nuestro servicio es fundamental para ponerle fin al ciclo de explotación. Decir sí al trabajo explotador no garantiza la titularización ni el reconocimiento institucional ni la pertenencia. María, Jane y yo lo sabemos muy bien. Nuestro trabajo es lo que la universidad quiere y necesita; debemos retenerlo y usarlo como palanca si no se nos respeta.

En la academia, como en el mundo, todavía estamos viviendo

las derivaciones de la esclavitud y del colonialismo; los efectos perpetuos de los sistemas de opresión que nunca han sido completamente erradicados de nuestras sociedades ni de nuestras instituciones. Todavía estamos lidiando con la violencia sistémica contra las personas negras, indígenas y de color. Estamos viendo cómo esta violencia se extiende a las inmigrantes de color en todo el globo, produciéndolas como subhumanas e indignas de cuidado y dignidad. Sabemos cómo las secuelas de estos sistemas continúan silenciando las voces minorizadas de todos los discursos públicos, al tiempo que perpetúan la disparidad económica y la injusticia ambiental. Tomemos como ejemplo la pandemia del COVID-19: las estadísticas nos muestran que las personas negras, indígenas y latinx están muriendo a tasas más elevadas y tienen mayores riesgos de infección que las personas blancas[15]. La inequidad está tan arraigada en nuestras instituciones que la gente ha empezado a sentirse cómoda con la idea de que nuestras vidas deben ser bajas, y se nos pide que esperemos el cambio, que tengamos paciencia con las soluciones diferidas que están por llegar. Pero la gente indígena, morena y negra, la gente oprimida está cansada de esperar justicia, y nos hemos vuelto más y más conscientes de que la justicia no puede ser servida, por ejemplo, al encarcelar a un policía racista después de que una de nosotras es asesinada, mientras la violencia sistémica continúa poniendo en peligro nuestras vidas. La justicia que necesitamos no puede ser obtenida a través de la reparación individual. No es suficiente. No hace nada por nuestro genocidio aplazado, por titubear con la desigualdad que persistentemente pone nuestras vidas en condiciones precarias, o la violencia que nos separa en las fronteras de la humanidad.

Tendemos a pensar en los derechos civiles como una era pasada y romantizamos los años sesenta como un momento culminante. Pero la realidad es que, para muchas de nosotras, personas de color, que vivimos en el Norte Global, la lucha por los derechos civiles y humanos aún continúa. Las batallas que pensamos que habíamos ganado, todavía se están peleando, aunque en diferentes arenas, tal vez por diferentes actoras. A medida que continuamos luchando por nuestros derechos civiles, por nuestro derecho a vivir y no solo a sobrevivir, no necesitamos que la gente en el poder finja que escucha. No necesitamos estar en los pensamientos ni en las oraciones, o el equivalente universitario, en "el memorando de apoyo". Lo que nosotras necesitamos son estructuras diferentes. Lo que necesitamos es un cambio en el poder que restaure el equilibrio; un cambio para que podamos garantizar que no habrá más vidas negras destruidas, que no habrá más personas desposeídas y que no habrá más migrantes tratadas como infrahumanas. Ese es el momento en el que nos encontramos, tanto en las calles como dentro de la universidad. Y, mientras debemos protestar (mientras debemos exigir y luchar por la justicia) también debemos crear espacios alternativos que nos sostengan dentro y fuera de nuestras instituciones. Si aprendí algo en la pasada década, fue a no confiar en las instituciones, a no creer en los sistemas que nunca fueron destinados a sostenerme. Es una tarea insuperable trabajar, cuidar, enseñar y producir conocimiento mientras se vive y se trabaja en esta violencia. Y, sin embargo, lo hacemos, y debemos hacerlo. También debemos encontrar otras maneras, empero. También tenemos que crear nuestros propios colectivos de alegría y aprendizaje donde nuestro trabajo y nuestra vida sean debidamente reconocidos como esenciales.

Como académicas y maestras que luchamos por nuestras vidas contra la muerte estructural que sostiene nuestras instituciones, debemos encontrar nuestras propias cómplices en nuestras alumnas. Para eso, tenemos que dejar de ser cómplices de las estructuras silenciadoras de la universidad colonizadora. Debemos compartir información, historias y conocimientos. Muchas de nosotras que enseñamos a estudiantes de color de primera generación, sabemos cuánto nuestras estudiantes confían en nosotras, en nuestro apoyo y alianza. A menudo, nos piden que hagamos más de lo que podemos hacer. Lo hacen porque no hay nadie más, porque como La única, somos todo y lo único que ellas tienen. Edúcalas. Modela límites. Muéstrales que te importan, pero también muéstrales que eres humana, y que estás cansada. Diles que no y mantente firme, pero dales una explicación del porqué que pinte una imagen clara de las restricciones institucionales que limitan tu capacidad para participar en todos los eventos a los que te inviten. Piensa con cuidado en tu plan de estudios y en tus tareas. Sé intencional en tu enseñanza y generosa en el aula. Dales las herramientas con las que puedan descolonizar la universidad mostrándoles las formas en las que la misma intenta colonizarlas/colonizarnos.

A lo largo de los años, las estudiantes han construido un hogar para mí en espacios institucionales que de otro modo no me sustentaban. Lucho por mis alumnas; es por elles, ellas y ellos que me rebelo en comunidad. Me esfuerzo por modelarles cómo ser intencional, cómo pensar en el trabajo que hacemos como parte de este mundo. Esto es especialmente crítico cuando se trabaja con estudiantes graduadas que se convertirán en la próxima generación de profesoras de color bajo la misericordia de la institución, a menos que les demos las herramientas con las que rebelarse.

3.

EXAMEN PARCIAL

La enseñanza como acompañamiento

Yo vengo de una larga línea de mujeres rebeldes. Mujeres sin miedo. Mujeres guerreras. Mujeres feministas. Quizás ellas mismas no se hubieran llamado feministas—una etiqueta que, en la República Dominicana, durante todo el siglo XX, se asociaba ya sea con la organización formal de partidos políticos o con mujeres blancas "extranjeras"[1]. Su feminismo era más simple, más callado y tácito. Giraba alrededor del cuidado mutuo de cada mujer en la comunidad a través de prácticas diarias de apoyo y presencia.

Un gran secreto de familia es que, después de ver sufrir a su hermana en manos de su esposo abusivo, mi bisabuela Julia organizó a todas las mujeres de su pueblo. Mientras lavaban la ropa a la orilla del río, se les ocurrió un código, una canción, que emplearían, si llegaban a encontrarse en el extremo receptor del abuso. Se armaron de su conocimiento de las hierbas para ayudar a dormir añadiéndolas a los tés y a las comidas de sus maridos. Sobre todo, prometieron cuidarse unas a otras, y auxiliarse mutuamente en tiempos de necesidad. Su rebelión funcionó. Tan pronto como un hombre se ponía abusivo, cinco mujeres salían en defensa de la agredida. No usaban las manos ni intentaban luchar contra el agresor. En cambio, rodeaban la casa mientras cantaban en voz alta, haciendo notar su presencia. El abusador quedaba tan perplejo por la repentina atención externa que paraba. Después de un tiempo, la comunidad empezó a reconocer el canto como una alarma, e incluso algunos hombres en el pueblo comenzaron a participar, interrumpiendo la violencia.

Corrió el rumor de que las mujeres Peña eran rebeldes. Quizás es por su rebeldía que muchas de mis tías abuelas nunca se casaron, y otras se mudaron lejos del pueblo. Aún así, mi abuelo me decía con orgullo que su mamá era una "dura", una mujer fuerte. Él se sentía orgulloso de verla en mí.

Para mí, uno de los retos de la academia ha sido entender cómo usar mi poder feminista—cómo ser una dura—frente a la violencia. El poder de la academia reside precisamente en su exclusividad y exclusión. El conocimiento, como lo imagina la universidad, es medido por su proximidad a nociones particulares de civilidad que son fundamentadas—como nos muestra el trabajo de Lisa Lowe, Sylvia Wynter y otras—en lo eurocéntrico, colonial, patriarcal, heteronormativo, y en el entendimiento supremacista blanco del mundo. No obstante, continuamos reproduciendo y valorando esa escala, rechazando—conscientes o no—todas las demás epistemologías: el feminismo de mi bisabuela, la praxis y la filosofía de muchas mujeres negras, indígenas, morenas y asiáticas duras del mundo. Estar en la universidad como mujeres de color, como mujeres de naciones colonizadas, como migrantes, es estar en tensión con nosotras mismas. Es una posición de incomodidad. Para estar en la academia y seguir siendo una dura, tenemos que sentirnos cómodas existiendo dentro de la incomodidad, nunca con el objetivo de pertenecer ni conformarnos, porque la conformidad es otra forma de muerte. Ajustarse a la academia es renunciar a nuestro proyecto colectivo de ser y pertenecer. Nuestra estrategia, por lo tanto, debe ser encontrar formas de devolver la molestia a través de una praxis feminista de ser, saber y hacer.

Soy una mujer inmigrante afrolatina del Caribe. Vine a los Estados Unidos a la edad de doce años, convirtiéndome en lo que algunos denominan como "generación 1.5", o con un pie aquí y otro allá. Como tantas otras jóvenes inmigrantes, fui a la universidad con el deseo de mejorar el estatus socioeconómico de mi familia. Sin embargo, en el proceso, ese deseo se transformó en algo más grande. Mientras tomaba clase tras clase y sin encontrar nada que reflejara mi experiencia ni mi historia, me volví cada vez más consciente de la brecha entre la academia y mi comunidad. Esa distancia se hizo aún más evidente cuando ingresé a la escuela de posgrado, y mi nivel socioeconómico, mi origen inmigrante, mi raza, el hecho de que el inglés era mi segundo idioma, el hecho de que no había tenido las mismas oportunidades que tuvieron otras chamacas, todo, todo eso me marcó como diferente. En muchos sentidos, estas cosas definieron mi falta de pertenencia a la universidad. Tenía dos opciones: podía tratar de encajar o podía intentar cambiar las estructuras de exclusión que hicieron que mi historia no estuviera en los libros. Como mi bisabuela, elegí la rebelión.

Mi trayectoria académica ha sido profundamente personal. Ha sido pavimentada por las experiencias de exclusión de mis comunidades, de los lugares y personas que reconozco mías, de los libros, de las instituciones y de la nación misma en la que vivo. También ha sido extremadamente comunal, fundamentada en el feminismo de mi bisabuela y de mis tías, con un gran deseo de justicia para las comunidades en las que crecí: inmigrantes, pobres y negras, y con una convicción muy terca pero radicalmente esperanzadora de que la educación puede y debe ser transformadora; de lo contrario, ¿cuál es el punto de enseñar o de estudiar? La trayectoria para obtener mi doctorado, para convertirme en profesora, enseñar y ser una académica comprometida, fue cimentada en mi compromiso con la justicia social y en la búsqueda de respuestas a preguntas que surgieron de mi experiencia como afrolatina inmigrante de la Repú-

blica Dominicana, al confrontar el racismo cotidiano y el sexismo
en los Estados Unidos. La justicia social fue y es a la vez el método y
el impulso para mi travesía a través de los estudios latinx y étnicos,
la guía de mi escritura y mi enseñanza.

A menudo me preguntan cómo equilibro el activismo y el
trabajo académico. No lo hago. Mi rebelión, mi trabajo por la justicia social, la erudición y la enseñanza, están intrínsecamente vin-
culadas. Veo mi trabajo académico y de docencia como prácticas
liberadoras. Mi investigación busca contradecir los silencios y las
tachaduras de mi historia de los libros y archivos. Mi enseñanza
es un ejercicio esperanzador de hacer libertad. Enseño en y para la
libertad. Mi escolaridad y la enseñanza son mis formas de confrontar a los agresores, como hizo mi bisabuela. Así es como honro su
legado.

El 14 de octubre de 2010, poco después de comenzar mi primer
trabajo como profesora asistente de estudios latinx en la Universidad
de Georgia, Athens (UGA), la Junta de Regentes de Georgia votó 14
a 2 "para prohibir que las mejores universidades públicas matricu-
laran a estudiantes sin documentación en ninguna escuela que en
los últimos dos años haya rechazado a otras solicitantes calificadas
por falta de espacio"[2]. La política, la cual evita que estudiantes aca-
démicamente calificadas asistan a las cinco mejores universidades
públicas de investigación en el estado, fue basada en la creencia de
que había estudiantes indocumentadas ocupando asientos en el sistema universitario público que, por derecho, les pertenecían a las
ciudadanas. Sin embargo, un estudio realizado por la misma junta
de regentes encontró que las estudiantes indocumentadas representan menos del 0.2 por ciento de todo el estudiantado universitario
público; la mayoría de las estudiantes indocumentadas están inscritas en instituciones técnicas y en universidades comunitarias[3].

Paralelamente a la prohibición de los regentes, el estado de
Georgia implantó uno de los proyectos de ley antiinmigrantes

más fuertes de la nación, el Proyecto de Ley 87 de la Cámara, en abril de 2011. Esa ley requería que agentes del orden público preguntaran sobre el estado migratorio durante paradas de rutina por infracciones menores de tránsito, y que entregaran a cualquier sospechosa indocumentada a las autoridades federales[4]. El proyecto de ley también requería que la mayoría de las empleadores verificaran el estado migratorio de sus empleadas, a través de la base de datos federal E-Verify; asimismo, estipulaba un posible encarcelamiento para las condenadas por albergar o transportar residentes a sabiendas de que eran personas indocumentadas. Aunque las estipulaciones de la HB 87, el "show me your papers" (muéstrame tus papeles), y otras leyes similares en otros estados, resultaron en juicios por demandas de libertad civil y en órdenes judiciales de jueces federales, terminando en la futura desestimación de dichas estipulaciones, no se le prestó suficiente atención a la decisión de la Junta de Regentes de la UGA de negar a las estudiantes indocumentadas el acceso a las universidades y colegios estatales.

La noticia me impactó como si me hubieran echado un cubo de agua fría encima. ¿Cómo es posible prohibirle a la gente el acceso a la educación pública? ¿Acaso el punto de la educación pública no es hacerla accesible para todas las personas? Como una profesora nueva, una latina enseñando estudios latinx a estudiantes latinx, y alguien que una vez fue indocumentada y que proviene de una familia de estado mixto, yo no estaba preparada para esta noticia. En ese momento, estaba enseñando la clase Introduction to Latino/ Latina Studies (Introducción a los estudios latinx), el curso con mayor inscripción en mi facultad. Poco después de que se anunciara la prohibición, las estudiantes latinx comenzaron a desaparecer de mi clase. Las estudiantes indocumentadas simplemente tenían demasiado miedo de ir a clases. Algunas decidieron migrar al norte con sus familias en busca de mayor seguridad. En medio de esta crisis, uno de mis alumnos, un mexicoamericano de veinte años fue a verme durante mis horas de oficina. Quería despedirse. No regresaría a la universidad en el otoño, ya que su familia se dirigía al norte del estado de Nueva York. Tenían miedo de ser deportadas. Cuando el joven se fue de mi oficina, cerré la puerta y lloré. Fue un llanto catártico y feo. Yo no entendía. ¿No habíamos elegido a Obama para evitar este tipo de desastre? Él había prometido aprobar la Ley DREAM y detener la deportación. ¿Cómo llegamos aquí? Después de unos minutos llorando, me limpié las lágrimas, salí de mi oficina y comencé a organizarme. Claramente, el estado de Georgia esperaba una respuesta pasiva de la población acerca de la exclusión y expulsión estatal de personas indocumentadas. En cambio, las estudiantes y profesoras comenzaron a organizarse para revertir la ley.

Organizarse en el mundo académico es complicado, agobiante e increíblemente irritante. Requiere paciencia y la traducción de la retórica en acción. Afortunadamente, encontré un pequeño grupo de profesoras, o más bien, ellas me encontraron a mí: Betina Kaplan, Bethany Moreton y Pamela Voekel. Ellas tenían todavía menos paciencia que yo y, juntas, pudimos pensar y actuar en lo que el filósofo Jonathan Lear llama "la esperanza radical": la creencia en el potencial de promulgar un cambio efectivo[5]. Empezamos a circular peticiones, escribimos cartas y organizamos seminarios. Buscamos formas de crear diálogo, de llamar la atención acerca del tema y, lo que es más importante, buscamos la manera de presionar la administración de UGA para que revocara su prohibición. Pronto se convirtió en evidente, empero, que nada de lo que pudiéramos hacer dentro del sistema sería suficiente para revertir la ley. Sin embargo, las realidades cotidianas de las comunidades de indocumentadas eran demasiado apremiantes para simplemente esperar cambios estructurales e institucionales. Entonces empezamos a construir fuera de las estructuras.

Una universidad de libertad

Recuerdo el momento exacto en que nació Freedom University (La Universidad de la Libertad). Algunos recuerdos quedan gabados en nuestra mente como tatuajes. Puedo cerrar los ojos y ver las caras de todo el mundo, personas que aún no sabía se convertirían en mi gente para toda la vida. Sobre todo, recuerdo a Keish Kim, una joven activista indocumentada. Keish, una mujer de gran inteligencia y honestidad, había venido por petición nuestra a Athens desde Atlanta, para una reunión con profesoras y activistas de la zona. Pam, Betina, Bethany y yo nos comunicamos con organizaciones de inmigrantes locales, incluida la recién fundada Georgia Undocumented Youth Alliance (Alianza de Jóvenes Indocumentadas de Georgia; GUYA, por sus siglas en inglés), de la cual Keish era miembro cofundadora. GUYA tenía agallas. Habían estado escenificando acciones de desobediencia civil, bloqueando calles, exigiendo el fin de la prohibición. Queríamos ayudar, pero no sabíamos cómo. Claro, escribimos peticiones y cartas, y lidiábamos con la cuestión académica, hablando con decanas, rectoras y consejos universitarios, ganando (al final) una cantidad significativa de apoyo. Pero también había una preocupación inmediata por la vida de las estudiantes que habían sido afectadas por esta legislación inhumana. El activismo en la academia es lento, y se detiene durante los meses de verano cuando termina el año escolar. GUYA, sin embargo, no estaba en pausa. Nos acercamos, y Keish vino con su hermosa historia, sus ganas (su deseo y voluntad) y su esperanza radical de que las cosas se hicieran de una mejor manera. Y de la manera más sencilla y brillante, nos retó. "¿Qué podemos hacer para apoyarte?", le preguntamos; a lo que ella respondió: "Ustedes son maestras, ¿verdad? ¡Enseñen!".

Inspiradas en gran parte por la valentía de GUYA, y en conversación con organizaciones de inmigrantes locales, estudiantes y miembros de la comunidad, se nos ocurrió la idea de crear un "tercer espacio". Esta idea de un tercer espacio surgió durante un encuentro con Beto, un activista local indocumentado y líder comunitario. Con su ayuda, y la de Georgia Students for Public Higher Education (Estudiantes de Georgia para la Educación Superior Pública), la Economic Justice Coalition (Coalición de Justicia Económica), y una red de estudiantes activistas, pudimos llegar al estudiantado, encontrar socias comunitarias, recaudar fondos, comprar libros y obtener un espacio donado. La creación de una junta de asesoras, integrada por académicas, activistas, líderes y escritoras de renombre nacional, abrió muchas puertas y proporcionó el apoyo moral necesario en las etapas iniciales de la organización comunitaria. En cuestión de semanas, las solicitudes de admisión de estudiantes indocumentadas comenzaron a llegar a raudales. Teníamos estudiantes, teníamos cuatro profesoras comprometidas, muchas voluntarias, un espacio donado y, lo más importante, teníamos ganas de hacerlo.

¡Así nació Freedom University Georgia!

El 9 de octubre de 2011, Freedom University Georgia les abrió sus puertas a treinta y dos estudiantes indocumentadas en Athens, Georgia. Desde su concepción, Freedom University ha contribuido a un movimiento reciente que está redefiniendo las luchas en el sur de los EE. UU., uniendo académicas, organizaciones comunitarias, estudiantes, DREAMers (personas indocumentadas que emigraron a los EE. UU. en su infancia), e inmigrantes indocumentadas de diversos orígenes en una coalición de rebeldes luchadoras por la libertad. El primer día de clases fue emotivo para todas las involucradas. Por el rabillo del ojo, vi a algunas estudiantes llorando y otras sonriendo de emoción al ver una sala llena de DREAMers. Uno de nuestros alumnos, Gustavo Madrigal-Piña, activista de GUYA, repetía: "¡Estas son estudiantes! ¡Estas son estudiantes! ¡Tenemos una escuela!". El vínculo entre las estudiantes fue casi inmediato. En nuestras mentes académicas, pensábamos que estábamos creando un espacio educativo donde las alumnas que quisieran pudieran aprender. Habíamos trabajado muy duro en el plan de estudios, las tareas y la preparación académica, además de la logística de la organización.

Profesora Pam Voekel, cofundadora de Freedom University, y estudiantes, octubre 2011

Sin embargo, ese primer día se hizo evidente para todas las implicadas que Freedom University era mucho más que una escuela. Nuestras estudiantes, por primera vez en sus vidas, se encontraban rodeadas de una comunidad de personas que compartían sus propias luchas y sueños. Su estatus migratorio ya no era un secreto que debía permanecer guardado, sino la razón por la que se encontraban en este maravilloso espacio. Su experiencia compartida guio su compromiso con Freedom University, sus clases y sus propias metas académicas.

Me gusta compartir esta historia de nacimiento, no solo porque es, en muchos sentidos, la historia de mi propio nacimiento como maestra rebelde, sino también porque ese mandato, "¡Enseñen!", me ha seguido durante una década. El mismo le ha dado forma a mi filosofía de enseñanza, a mi tiempo en el aula y a mi compromiso con los estudios étnicos críticos como un lugar de conocimiento y método de enseñanza e ideología. ¿Qué significa enseñar como lo ordenó Keish? ¿Qué significa enseñar para la libertad? Con frecuencia pienso en esta última pregunta mientras trabajo en mi pedagogía y cuando llegan nuevas generaciones de estudiantes con diferentes necesidades y contextos. Enseñar para la libertad significa convertir el aula en un espacio de rebeldía contra la exclusión sistémica, el racismo y la opresión. Si tomamos ese mandato en serio, todo lo que hagamos (desde la construcción del plan de estudios hasta cómo interactuamos con nuestras estudiantes), nos guiará a crear un ambiente de aprendizaje transformador. En "Teaching Community: A Pedagogy of Hope" (Enseñar comunidad: una pedagogía de la esperanza), bell hooks escribió:

> Necesitamos movimientos políticos en masas que llamen a las ciudadanas de esta nación a defender la democracia y los derechos de todas a ser educadas, y a trabajar en pos de poner fin a la dominación en todas sus formas; trabajar por la justicia, cambiar nuestro sistema educativo para que la escolarización no sea el sitio donde las estudiantes son adoctrinadas para apoyar el patriarcado imperialista capitalista de la supremacía blanca o cualquier ideología, en cambio, donde aprendan a abrir sus mentes, a involucrarse en el estudio riguroso y en el pensamiento crítico[6].

A través de su vida y enseñanzas, hooks nos modeló esta pedagogía. Ella nos enseñó que la educación es un acto de justicia radical y que el salón de clases puede ser un espacio desde el que la reparación, la abolición y las prácticas descolonizadoras se puedan aprender. Para ello, profesoras y estudiantes deben, nos recuerda hooks, traer una mente abierta; y yo añado, nosotras también necesitamos un corazón abierto. Debemos estar dispuestas a ser vulnerables y a aceptar los fracasos y los errores individuales para dar cabida al aprendizaje colectivo, a la libertad colectiva, a la alegría colectiva.

Una de las clases que imparto con regularidad es Performing Latinidad (Prácticas performáticas de la latinidad), un curso que creé al inicio de mi carrera y que se ha convertido en una especie de santuario para estudiantes de color de primera generación. He hablado y escrito mucho sobre este curso debido al inmenso impacto que ha tenido tanto en mi enseñanza como en mi activismo dentro de la universidad[7]. Ni UGA ni Harvard, como muchas otras instituciones en los Estados Unidos, tiene un departamento, un programa o centro de estudios étnicos. No les brindan a estudiantes de color un espacio para reunirse ni un lugar para eventos comunitarios. Para muchas de estas estudiantes, el salón de clases y, particularmente, el salón de clases de estudios étnicos se ha convertido en ese espacio[8].

En mis cursos de estudios latinx, las estudiantes se conocen y construyen alianzas y redes que les permiten enfrentar la violencia y el racismo de su entorno. Les, los y las estudiantes matriculadas en mis clases de estudios latinx se han organizado para crear publicaciones, formar organizaciones y construir comunidades más allá del salón de clases. El primer curso de su tipo en cualquiera de las instituciones en las que he impartido clases, Performing Latinidad examina las construcciones, los imaginarios y las representaciones de la latinidad interpretada en una variedad de géneros, incluyendo la poesía, la ficción, el drama, la música, el slam y el cine; esto, en conversación con varios movimientos socioculturales que han ayudado a definir las nociones de las identidades latinx en Estados Unidos. Al traer a la conversación la crítica de los estudios latinos, las teorías fronterizas, el feminismo chicano y la teoría de la raza y la etnicidad, abordamos temas de identidad, ciudadanía, autenticidad lingüística, representación y pertenencia.

Porque la clase tiene un desarrollo práctico y un componente de creación artística, también es increíblemente atractiva para las estudiantes de todos los niveles (desde estudiantes de primer año hasta estudiantes de doctorado). En cada semestre, las alumnas matriculadas en Performing Latinidad, trabajan con una artista visitante para desarrollar una intervención artística basada en las lecturas de la clase. Las estudiantes esperan su proyecto grupal final con ansias, ya que las presentaciones son algunos de los raros casos en que estudiantes latinx, de todas las razas, se hacen visibles en un campus que parece hacer constantemente invisibles a sus estudiantes y profesoras de color. Trabajan en grupo, se reúnen fuera de clase, construyen estructuras artísticas físicas, ensayan sus intervenciones y, al final del semestre, se apoderan de toda el área verde de la universidad, visual y sonoramente.

Altar a Santa J.Lo, Harvard University Yard, 2015

A lo largo de los años, he asegurado fondos para invitar a artistas y activistas a coenseñar secciones del curso conmigo, por períodos de dos a ocho semanas. Las experiencias de la enseñanza compartida y de la creación artística en la clase son invaluables. Poder mantener una relación de un semestre con estudiantes, y trabajar con ellas durante semanas, fue una experiencia significativa tanto para las artistas como para las estudiantes. Si bien no todas las instituciones tienen el presupuesto para proporcionar el tipo de intervención que yo era capaz de crear en mi salón de clases en Harvard, debo señalar que, en cada situación de enseñanza, desde Freedom University hasta Harvard, me he esforzado en crear ese tipo de ambiente para las estudiantes, de trabajar con artistas locales y de recaudar fondos de cualquier manera posible (desde la venta de tamales y bizcochitos, hasta escribir peticiones de subvenciones) para hacer posible esta colaboración.

En 2015, por ejemplo, las estudiantes inscritas en mi curso en Harvard erigieron un altar a "Saint J.Lo" (Santa J.Lo – Jennifer López), que se convirtió en un santuario de "plegarias" y ofrendas para las estudiantes de estudios étnicos. Allí dejaron cartas y notas pidiéndole a Santa J.Lo que intercediera en nombre de las estudiantes latinx y le pidiera al "Sr. Harvard" que finalmente le proporcionara un espacio a las estudiantes latinx, que aprobara la creación de una concentración y un departamento, y la contratación de profesoras en el campo de los estudios étnicos. El santuario se convirtió en un lugar de activismo y representación para estudiantes latinx y otras estudiantes de color en el campus, quienes lo custodiaban y le llevaban flores, velas y otras ofrendas para pedirle el milagro a la santa. El altar permaneció en su lugar por más de una semana debido a la relación de complicidad entre las estudiantes latinx y el personal de conserjería encargado de retirarlo[9].

Un año después, durante la campaña presidencial de 2016, las estudiantes inscritas en Performing Latinidad decidieron que el tema para la presentación final sería "camiones de tacos en cada esquina del parque principal en Harvard". Esta performance desafió la entonces popular y polémica declaración de Marco Gutiérrez, cofundador de Latinos for Trump (Latinos con Trump): "Si [inmigración] no hace algo al respecto, vamos a tener camiones de tacos en todas las esquinas". Durante el semestre de otoño, bajo la dirección de la artista de performance y ArteSana, Josefina Báez, cada uno de los seis grupos preparó una instalación y un texto performativo, a partir de las lecturas en clase, que abarcó tanto el tema general de la clase como el tema específico de la intervención que habían elegido (los camiones de tacos). Báez participó como becaria visitante en nuestro curso y supervisó y asistió en las creaciones artísticas por un período de dos semanas. Para que esto fuera posible, obtuve una subvención que pagó por sus honorarios y viajes. Báez comentaba a menudo lo singular y emocionante que era esta experiencia, la cual le permitía conocer a cada una de las estudiantes, trabajar con ellas y ayudarlas a realizar sus propios proyectos. En lugar de ir y leer o actuar para una multitud de estudiantes, el acto de cocrear permitió un sentido de intimidad e hizo de dicha experiencia una aún más impactante. Con la guía de Báez, las estudiantes construyeron camiones de cartón que se desplazaron por todo el campus, compartiendo "tacos de poesía" con las transeúntes. Las estudiantes escribieron textos originales, hicieron instalaciones en árboles, e incluso transformaron la icónica estatua de John Harvard en un "bad hombre" (hombre malo), desafiando la retórica de la campaña de Trump, así como el lenguaje de la administración de Harvard que continuaba rechazando la creación de un departamento de estudios latinx, a pesar de treinta años de demandas estudiantiles. Mientras caminábamos por el patio durante la performance colectiva de noventa minutos, se nos unieron otras estudiantes, profesoras, turistas y viandantes[11]. Algunas tenían curiosidad, otras se conmovieron. Ese año, yo recuerdo una interacción en particular con una joven latinx, morena, que estudiaba en la Divinity School (Escuela de la Divinidad). Caminó detrás de mí, sollozando durante una buena parte de la actuación. Al final, ella se presentó como una latina de El Paso. Me agradeció por haberla hecho sentir vista por primera vez en sus cuatro años como estudiante; me pidió un abrazo y se marchó. Siempre pienso en esta estudiante, a quien nunca volví a ver, en como nuestra pequeña interrupción de la vida diaria en el campus había transformado la suya, nuestra pequeña rebelión, le había ofrecido comunidad.

Estudiante conduce un "camión de taco poético" por el campus; detrás, la sigue una procesión de poesía

Josefina Báez (izquierda), Lorgia García Peña y estudiantes analizan lo sucedido después de una presentación de uno de los camiones de tacos

La intervención performática de los camiones de tacos sirvió de nexo entre el clima político nacional con el clima del campus local, exponiendo la hipocresía de la universidad en su negativa de reconocer los estudios latinx como un campo legítimo de investigación y, al mismo tiempo, celebrar sus pasos camino a la diversidad. Al igual que la política nacional que profesaba interés por el "voto latino" (sin detenerse a comprender la latinidad, la diversidad latinx ni las necesidades de las múltiples comunidades que adoptan esa etiqueta), la universidad mantuvo un discurso de diversidad e inclusión (apoyada en estadísticas sobre admisión), mientras ignoraba las necesidades de la población estudiantil y el campo que la representa. Y, sin embargo, a pesar de la violencia y tachadura, la energía que mis estudiantes llevaron al campus durante la performance fue contagiosa. Fue un día triunfal, y todas se sintieron entusiasmadas por el trabajo que habían hecho. La mañana de la siguiente reunión de clase, cuando se suponía que debíamos desempacar el trabajo realizado, nos despertamos con la noticia de que

Donald Trump había sido elegido presidente.

Ese miércoles por la mañana, luché con la decisión de si cancelar la clase, como habían hecho muchas de mis colegas. Fue un día abrumador, un día de luto y aterrador para muchas de las estudiantes, en su mayoría negras, morenas, cuir (queer) e indocumentadas matriculadas en Performing Latinidad. Yo simplemente no tenía a mano ni el consuelo ni la sabiduría que pudiera calmar sus temores, aunque fuera un poco. Mientras buscaba una respuesta en mi plan de estudios sobre qué hacer ese día en clase, me topé con el ensayo de Barbara Tomlinson y George Lipsitz, "American Studies as Accompaniment" (Los estudios americanos como acompañamiento). En él se argumenta que las académicas necesitan "conocer el trabajo que queremos que haga nuestro trabajo y cómo nuestra erudición puede servir para acompañar cambios positivos en nuestra sociedad" si queremos desmantelar los sistemas opresores que persistentemente reproducen la desigualdad y la opresión en tiempos de terror y represión[12]. Escriben:

> Centralmente importante para el éxito de nuestros esfuerzos de enseñanza es *conocer el trabajo que queremos que haga nuestro trabajo,* haciéndonos responsables por el mundo que estamos creando a través de nuestros empeños, por las formas de estar en el mundo que estamos modelando y promocionando. El trabajo de los estudios americanos puede organizarse en torno al concepto del *acompañamiento.* El acompañamiento es una disposición, una sensibilidad y un patrón de comportamiento. Es a la vez un compromiso y una capacidad que se puede cultivar. Dos metáforas del acompañamiento son particularmente relevantes: 1) el acompañamiento como participante en y que aumenta una comunidad de viajeras en trayectoria; 2) el acompañamiento como participación con otros para

crear música. Pensar en los estudios americanos en términos de estos actos de acompañamiento puede promover
nuevas formas de conocer y nuevas formas de ser que
pueden equipar a las estudiosas[13]. (énfasis añadido)

El trabajo que quiero que haga mi enseñanza, la razón por la
que me convertí en maestra, es para promulgar el cambio social:
crear el tipo de aula que me fue negada (a mí, una hija de inmigrantes, latina, negra, de primera generación, criada en Trenton, Nueva
Jersey). Mi compromiso con mis estudiantes se cimentó en la justicia y en mi esperanza en el impacto que quiero que las estudiantes
tengan en sus comunidades. Así que ese día, en lugar de cancelar la
clase, abrí mi salón de clases a todas las estudiantes que necesita-
ran un lugar para procesar lo que significaba para ellas verse ahora
obligadas a vivir en un mundo trumpiano. Decidí acompañarlas,
confiando en que la comunidad en la que habíamos trabajado los
últimos meses para cocrear nos sostendría. Mientras estaba de pie
ante la sala esa mañana, una vez más recordé el poder de la comunidad. Las estudiantes entraron abrazadas; muchas lloraron. Y,
durante los primeros cuarenta minutos de clase, nos permitimos
expresar nuestro miedo y enojo y, simplemente escuchar.

Hice lo mejor que pude estableciendo el tono para un proceso
respetuoso y de ese modo asegurarme de que las estudiantes se sintieran seguras en el aula. Al principio de la clase hice el siguiente
anuncio: "Si votaste por Trump o simpatizas con su discurso y política, este simplemente no es tu espacio hoy. Puedes irte o sentarte
en silencio. Este es un espacio seguro para personas que hoy tal vez
no se sientan seguras en ningún otro lugar. Nada de lo que digamos
aquí hoy saldrá del salón de clases". Habíamos trabajado juntas para
construir confianza y responsabilidad en el aula. Mi declaración
fue más un eco que una advertencia de lo que sabía que todas en el
salón merecían y querían en ese momento y espacio. Había muchas

estudiantes indocumentadas inscritas en el curso que despertaron aterrorizadas, con miedo a ser deportadas o perseguidas. Mi prioridad ese día fue asegurarme de que se sintieran seguras de hablar si así lo deseaban (por lo menos en lo que durara la clase), que se sintieran vistas y respetadas, y que supieran que, al menos durante la siguiente hora y media, estaban a salvo. Sí hablaron, y todas escuchamos sus miedos, sus historias y sus sollozos. Entonces pregunté: "¿Y ahora qué? ¿Qué hacemos en el espacio que habitamos, aquí en Harvard, para apoyar a las más vulnerables de nuestra comunidad? ¿Cómo nos esperanzamos y aprendemos en medio del miedo y el terror? ¿Cuál es el trabajo que tenemos que hacer?".

Lo que siguió se quedará conmigo para siempre: una estudiante espontáneamente se levantó y fue a la pizarra y empezó a escribir mientras sus compañeras compartían sus ideas. Me senté y observé a mis estudiantes tomar la iniciativa en la identificación de las necesidades más urgentes que veían en su comunidad: proteger a las estudiantes indocumentadas. Ellas continuaron trabajando después de clase y, en aproximadamente tres horas, habían redactado una petición (que consiguió más de seis mil firmas en el transcurso de tres días) que sería adoptada y adaptada por otras universidades en los Estados Unidos, incluyendo Dartmouth College, la Universidad de Rutgers, la Universidad de Tufts y la Universidad de Pensilvania, entre muchas otras. La carta solicitaba a los campus universitarios que se convirtiesen en "santuarios" para proteger a sus pares indocumentadas de la violencia que estaba por venir[14]. Sus acciones—su acompañamiento—fue más allá de la clase; se extendió por varios años a medida que ellas continuaron organizándose y pensando juntas a través de la escritura, debates, seminarios y, más adelante, a través de mítines, desobediencia civil e intervenciones mediáticas. Sus acciones llevaron a la fundación de una organización en apoyo a estudiantes indocumentadas, Protect Undocumented Students at Harvard (Protejan a las Estudiantes

Indocumentadas en Harvard, PUSH, según sus siglas en inglés), y a la creación de varios recursos universitarios, incluyendo algunos puestos de personal y la asignación de recursos financieros para la renovación y los honorarios legales de la Deferred Action for Childhood Arrivals (Consideración de Acción Diferida para las Llegadas en la Infancia, DACA, por sus siglas en inglés). Recientemente, reflexioné sobre esos primeros días posteriores a las elecciones con una estudiante que ya se graduó y que se ha convertido en una organizadora sindical. Hablamos de lo que aquella experiencia significó para estudiantes como ella. Dijo: "El programa de estudios nos dio las herramientas y la clase nos brindó la comunidad. El método para la organización siempre fue parte de la clase".

Una manifestación de estudiantes PUSH en los escalones de la Biblioteca Widener, en la Universidad de Harvard, noviembre de 2016

El compromiso social y el aprendizaje basado en la comunidad siempre han estado en el centro de los esfuerzos de los estudios étnicos y latinx en los Estados Unidos. Las huelgas estudiantiles chicanas de la década de 1960 en el oeste de EE. UU. llevaron a la fundación del primer programa de estudios chicanos en la Universidad del Estado de California en Los Ángeles (1968) y, en la década de 1970, la ocupación y las manifestaciones en el noreste llevaron a la creación de los programas de estudios puertorriqueños y del Caribe hispano en la Universidad de Rutgers, la Universidad de la Ciudad de Nueva York, y Hunter College, un sitio particularmente importante de su organización[15]. A principios del siglo XXI, las acciones del estudiantado en Williams College, Wellesley College, y en la Universidad de Yale, dieron como resultado la contratación de catedráticas de estudios latinx; la creación de espacios, centros y departamentos académicos; y, lo más importante, la formación de alianzas entre el profesorado, estudiantes y personal. La justicia social está en el centro de cómo hacemos estudios latinx. Pero, incluso a sabiendas de esa historia, cómo este compromiso se traduce a la cotidianidad de nuestras alumnas en el aula es menos evidente, aunque no menos importante. El ejemplo de la sesión de clase postelectoral, así como inspirador, también es excepcional. Las circunstancias políticas y ambientales del campus en 2016 (en medio de una huelga de trabajadoras de los comedores y las elecciones nacionales; aunado al carácter performativo de la clase), permitió formas expresivas de activismo que habrían sido imposibles, o quizás menos naturales, en un aula más tradicional y bajo un clima político distinto. Lo que quiero resaltar como lección al pensar en la enseñanza como libertad no es ni las intervenciones performativas ni políticas de mis alumnas (desde los mítines hasta los camiones de tacos) ni las respuestas administrativas a su activismo (el financiamiento y apoyo del personal), sino más bien los elementos más tácitos que nos llevaron a trabajar juntas, a eso que mi estudiante identificó en su reflexión como: la clase como método de justicia social a través del acompañamiento.

El concepto de "acompañamiento" proviene de la teoría y el

activismo de la liberación en América Latina. Tiene que ver con la idea de que el cambio social es un proceso que no se da, sino que surge de la gente. Las aliadas no pueden crear el cambio social solas; no pueden "llevar" justicia y equidad a los pueblos oprimidos, pero pueden acompañarlos en la lucha con paciencia y coraje. Pueden participar en la creación del cambio social no solo reconociendo su propio privilegio y complicidad en la producción de sistemas excluyentes, sino también escuchando cómo estas experiencias dan forma a la vida diaria de las personas en el extremo receptor de la violencia y de la exclusión.

El acompañamiento se opone al modelo racial-capitalista neoliberal tradicional de mercados laborales competitivos, impulsados por organizaciones no gubernamentales (ONG), en el que el "progreso" se lleva a una comunidad en lugar de que emerja de su interior. Este modelo dominante ha fracasado en momentos de crisis, incluso cuando quienes lo implementan tienen buenas intenciones (como vimos, por ejemplo, en el fracaso de la reconstrucción de Haití después el terremoto de 2010 y en la reconstrucción de Nueva Orleans después del huracán Katrina). En este mundo cada vez más impulsado por el mercado, se nos anima a pensar en nosotras mismas como dueñas individuales de nuestras vidas, de nuestras identidades, carreras y destinos. Como tal, cada una de nosotras es responsable por nuestros éxitos y fracasos. Las estructuras de recompensa dominantes en esta sociedad cultivan la competitividad en lugar de la cooperación y el trabajo colectivo. En el salón de clases, esto se manifiesta a menudo en el deseo de las estudiantes de brillar durante una discusión, de obtener mejores calificaciones y de proteger su investigación y su sentido de autoría. Sabemos que nuestro trabajo como académicas crece y se fortalece a través de conversaciones con nuestras colegas, con quienes nos leen y asisten a nuestras charlas. Lo mismo es cierto del aprendizaje activo para las estudiantes en el salón de clases.

Para aprender juntas, no obstante, primero es necesario confiar mutuamente. Debemos sentirnos cómodas y seguras en el espacio que habitamos en el aula, saber que nuestras ideas nunca serán descartadas como tontas ni estúpidas. Debemos apreciar la importancia de rechazar el dominio de una sola voz. Esta no es una tarea fácil, ya que la mayoría de las estudiantes de color son sobrevivientes de un trauma profundo en el salón de clases. Todas hemos sido, en un momento u otro, la única, o una de las pocas, de nuestra etnia o raza. Hemos tenido que aprender acerca de nuestras propias historias como proyectos extracurriculares. Se supone que seamos expertas y se espera que hablemos por nuestros grupos étnicos o raciales basadas únicamente en nuestras experiencias ocupando cuerpos racializados. En otoño de 2021, durante mi primer semestre de enseñanza en la Universidad de Tufts, une de les estudiantes matriculades en mi seminario, una persona de color, me dijo durante horas de oficina que se sentía abrumade en mi clase. Mientras hablaba, las lágrimas caían. Por un momento entré en pánico: ¿las tareas eran muy demandantes? ¿Había demasiadas lecturas? Entonces me di cuenta, este estudiante no estaba abrumade por mi clase, simplemente se sentía lo suficientemente segure como para desmoronarse en mi clase.

Mientras le hacía preguntas, empezó a darles nombres a todos aquellos sentimientos: trauma, vergüenza, ira, miedo, nostalgia. Era la primera vez que había tenido una profesora de color. A pesar de haber tomado cursos que se centraban en la raza, esta fue la primera vez que sintió que era parte de una conversación colectiva que cuestionaba la raza en lugar de obligarle a representar su etnia para la gente blanca. Para el final del semestre, después de que, en comunidad, aprendimos a hablar abierta y colectivamente sobre el trauma institucional, elle hizo una autoevaluación tan brillante como dolorosa. Escribió:

Por primera vez en mis cuatro años de universidad, estaba en un salón de clases donde me sentía visible. No era solo que me identificara con las lecturas y el plan de estudios, sino que la atmósfera en el salón de clases, la comunidad que nuestra profesora insistió en construir, también me veían. Me di cuenta de lo acostumbrade que estaba a que no me vieran. Al principio me sentí desnude y fue aterrador. Ahora me siento enfurecide porque tomó todo este tiempo para que alguien me viera, me tomara en cuenta, aquí en Tufts. Ahora quiero más.

Durante mis casi dos décadas de enseñanza, he coleccionado numerosas cartas, notas, correos electrónicos, incluso breves video mensajes, de estudiantes expresando su gratitud por el espacio compartido que cocreamos en el salón de clases. Pero llegar a este punto en mi carrera docente no es algo que me enseñaron a hacer en la escuela de posgrado. Yo nunca tuve un aula como la mía en la universidad. Construyo mi praxis docente en contradicción a, en contra de, cómo me habían obligado a aprender. El impulso hacia la libertad vino del trauma institucional.

¿Cómo podemos entonces las profesoras crear espacios de libertad en el aula de manera que les permitan a nuestras estudiantes de color escapar del trauma y el dolor y cocrear justicia y alegría? ¿Cómo enseñamos en/para la libertad desde las entrañas de las instituciones que han sido construidas para encarcelar, borrarnos y desvincularnos? Para comulgar, primero debe haber confianza. Para confiar debe haber esperanza en la posibilidad de sanación.

Para desarrollar una comunidad de confianza en el aula, empiezo reconociendo estos traumas tal como los experimenté, a la vez que invito también a las estudiantes a esforzarse por crear conmigo un tipo de ambiente de aprendizaje distinto. Juntas acordamos pautas simples para respetarnos que van desde no dominar la conversación a ser conscientes de nuestros propios privilegios y, lo que en la academia llamamos "the subject position" (la posición del sujeto) o, simplemente, nuestras identidades y nuestro lugar en el mundo, antes de plantear preguntas. Además, hay tres requisitos que incluyo en todos mis cursos: (1) Cada estudiante debe aprenderse los nombres de las demás, independientemente del tamaño de la clase, ya sea un seminario o una clase más grande. Esta es la primera tarea: estudiamos la lista y nos aprendemos el nombre de todos, todes, todas las estudiantes inscritas. Luego, añadimos más información a medida que aprendemos algo sobre cada persona. Estos datos no pueden ser académicos sino más bien algo personal con lo que nos sintamos cómodas compartiendo: "le gustan los perros", "tiene un gemelo", "detesta las cebollas", etcétera. (2) Leemos juntas. Leemos juntas como clase y creamos grupos de lectura que se reúnen fuera de clase. El ejercicio de leer juntas en clase a veces puede darse en la lectura de un poema en voz alta, que tomemos turnos leyendo una línea cada una o dividiéndonos en pequeños grupos y yendo a diferentes partes del aula o del pasillo para leer en voz alta. Fuera de la clase, los grupos de lectura se reúnen semanalmente para leer juntas el material asignado. Los grupos se asignan al azar y requieren compromisos semanales breves. A medida que avanza el semestre, estos grupos de lectura se reconfiguran para que al final del trimestre cada una haya leído con varios grupos. (3) Hacemos proyectos grupales. Si bien hay reflexiones y ensayos que deben escribir de manera individual, muchas de las tareas se realizan en grupos de tres a cinco. Esto es desafiante al principio, ya que las estudiantes tienen que dejar a un lado su forma de entender las calificaciones y el sentido de autoría, pero al final resulta gratificante. Las estudiantes aprenden a confiar en las fortalezas de cada una, a responsabilizarse mutuamente y a hacer espacio para los errores de las demás. Todas las asignaciones, individuales y colectivas, son revisadas por pares, todo lo escrito comienza en talleres, y las estudiantes aprenden lentamente a invertir en el aprendizaje colectivo. Como lo exige la filosofía del aula, nos acompañamos mutuamente y avanzamos y lo logramos juntas hasta el final del semestre. En una sociedad que constantemente insta a la gente a tener más, nos recuerdan Tomlinson y Lipsitz, que la verdadera tarea es aprender a ser más[17]. El aprendizaje colectivo nos enseña a ser más mientras nos acompañamos.

En otoño de 2018, impartí un curso titulado Diaspora Archives (Archivos de la diáspora). Todo el curso giró en torno a la construcción colectiva de un archivo digital alternativo basado en entrevistas orales y otros multimedios. Durante todo el semestre, tuvimos el placer de trabajar con la activista y cineasta italiana negra, Medhin Paolos. Ella nos guió en el aprendizaje de cómo escuchar y retener historias. Las estudiantes trabajaron en grupos de cinco, siguiendo lineamientos temáticos y utilizando un conjunto de entrevistas orales que yo misma y un grupo de alumnas de un curso anterior habíamos recopilado, como modelo para su investigación, y para continuar el trabajo que sus compañeras habían comenzado. La clase estaba compuesta por estudiantes de posgrado, estudiantes avanzadas de pregrado y dos estudiantes de primer año (los grupos estaban balanceados en consecuencia). Además de leer teorías críticas de los estudios archivísticos y de aprender sobre metodologías de investigación e historias orales, las estudiantes trabajaron en proporcionar un marco histórico y evidencia de la persona en la que habían centrado su investigación. Todas contribuimos por igual. Los proyectos y la clase fueron particularmente exitosos porque las estudiantes fueron capaces de aprovechar sus propios intereses y experiencias personales a medida que abordaban los temas. Cada grupo tenía una líder de investigación con una conexión personal con el archivo que desarrollaban. Un grupo, por ejemplo, trabajó en un proyecto titulado "Birthing across Borders" (Pariendo del otro lado de la frontera), que giraba en torno a la vida de doña Ofelia, una

mujer que cruzó la frontera entre Estados Unidos y México para dar
a luz a sus dos hijas y se vio envuelta en una larga batalla legal con
el sistema médico de California. El grupo, liderado por el docto-
rando Adrián Ríos, que nació en la frontera y creció entre mujeres
que practican cruzar la frontera para dar a luz, creó un archivo que
documentaba histórica y legalmente estos nacimientos fronterizos.
Centrado en doña Ofelia, el grupo mapeó una historia de parto
transfronterizo que mostró cuánto tiempo ha existido esta práctica
en los diferentes lugares y comunidades que participan en la misma;
las batallas legales que han dado forma a la práctica a lo largo de
las últimas décadas; y las disparidades económicas que distinguen
a cuáles madres se les permite cruzar fronteras para dar a luz y a
cuáles no, desmantelando el discurso de la "anchor baby" (la bebé
ancla) a través de datos comparativos concretos, investigación en
archivos y mapeo histórico[18].

Otro grupo bajo la dirección de la estudiante Sofía Shapiro,
documentó el trabajo de La Peña Gallery (Galería La Peña), un
pequeño colectivo de artistas latinas en Austin, Texas, bajo ataque
por parte de la Corporación Marriott durante la gentrificación de
ese barrio, a principios de la década de 2000. Sofía tenía una conexión personal con la galería. Su mamá, que es artista, había trabajado muy de cerca con La Peña[19]. Gracias a un subsidio, pudimos
subvencionar los viajes de las estudiantes. De ese modo algunas
estudiantes, como las que trabajaban en el proyecto La Peña, via-
jaron a Austin, otras fueron a México, a Canadá y algunas a Nueva
York, para realizar entrevistas cara a cara, recopilar datos y/o visitar
archivos históricos. Otros grupos se enfocaron en su localidad en
Harvard. Por ejemplo, uno de los grupos locales trabajó en la reco-
pilación de las historias de las trabajadoras centroamericanas del
comedor de Harvard que se enfrentaban a una posible deportación
debido a la eliminación del Temporary Protected Status (Estatus
de Protección Temporal, o TPS por sus siglas en inglés). Todos los

grupos trabajaron intencionalmente para enfocarse en las historias que querían contar. Al menos una persona en cada grupo tenía una conexión personal a la historia. Ese compromiso personal hizo que los proyectos resultaran todavía más valiosos. Como líderes del curso, Paolos y yo también trabajamos en un proyecto. El nuestro recuperó los aportes de guerrilleras dominicanas durante la intervención militar estadounidense de 1965 en la República Dominicana, centrándose en la historia de una mujer: Yolanda.

Yolanda es una dominicana de setenta y ocho años, que migró a Italia en la década de los ochenta. Yo conocí a Yolanda o, mejor dicho, me enteré de la historia de Yolanda a través de Thiara, su sobrina, a quien había entrevistado mientras investigaba para un libro acerca de la latinidad negra en Italia. La vida de Yolanda parece haber salido de una novela mitológica o fantástica. Era la persona más extraordinaria que había conocido en mi vida: había sido marinera, activista LGBTQ+ bajo una dictadura, guerrillera, espía y ahora, en sus setenta, pasa sus días liberando mujeres que han sido vendidas para la prostitución. Y, sin embargo, su vida, sus contribuciones a la libertad eran desconocidas fuera de su círculo familiar y de amigas. Para el archivo, la historia de Yolanda se puso en el contexto de la guerra civil dominicana y la intervención militar estadounidense de 1965. Yolanda era espía de las fuerzas guerrilleras que lucharon contra el ejército estadounidense durante su intervención en Santo Domingo (1965). Haciéndose pasar por una lavandera/trabajadora sexual, llevaba contrabando de los marines (la infantería de marina estadounidense) a los campamentos guerrilleros. "Me daban comida enlatada y cigarrillos, pensando que se los llevaría a mi familia, pero yo se los llevaba a los muchachos que estaban escondidos allá abajo"[20], recuerda. Ella también llevaba mensajes secretos entre campamentos, robaba balas y cualquier información que pudiera entender, ya que hablaba algo de inglés. Si a Yolanda la hubieran atrapado, habría sido ejecutada inmediatamente. Sin embargo, su historia y la de muchas otras mujeres de clase trabajadora que apoyaron la revolución y las fuerzas de antiocupación, no son parte de ninguna historia oficial. Han sido borradas y reemplazadas por historias de grandes hombres, de hombres de guerra y patriotas. Paolos y yo nos dispusimos a recuperar la historia de Yolanda y ubicarla en contextos sociohistóricos más amplios. Al hacerlo, también encontramos conexiones entre su vida y la de algunas de las personas que nuestras estudiantes estaban investigando. Nuestro archivo, pronto descubrimos, era también una red que conectaba historias silenciadas con las personas que las vivieron. Este archivo, también, era libertad.

Los proyectos finales fueron comisariados y colocados en un archivo digital que Paolos y yo desarrollamos con el apoyo de Luke Hollis, de Archimedes Digital. "Archives of Justice" (Archivos de Justicia), como lo llamamos, es una invitación a comprender el pasado desde la perspectiva de las personas que lo vivieron y que, a menudo, quedan fuera del discurso: gente negra, morena, asiática, indígena, colonizada y migrante (en particular, aquellas personas que se identifican como mujeres, trans, no binarias y queer). Un proyecto que comenzó simplemente escuchando a las personas, Archives of Justice vincula sus historias a los procesos y eventos históricos, trazando conexiones entre sitios, geografías y procesos humanos para ayudarnos a comprender mejor las contribuciones y la participación de las personas en momentos importantes de la historia contemporánea de la humanidad.

Las historiadoras coinciden en que existen lagunas, silencios, omisiones e incluso falsedades en los documentos oficiales del pasado. Estas brechas borran desproporcionadamente de los discursos oficiales y de los archivos, las intervenciones políticas y el legado de las mujeres, de la gente negra, morena, indígena y asiática; borra a inmigrantes y a personas subyugadas poscoloniales. Entonces, invitamos a la gente a que le preste atención de estas lagunas históricas y escuche las historias que nuestras entrevistadas nos confiaron, e interactúen con las colecciones de archivo que las informan y las conectan a acontecimientos y movimientos sociales en nuestra historia moderna: guerras civiles, movimientos de derechos queer, proyectos globales de justicia racial, diásporas africanas y nuevos patrones de migración del Sur Global a Europa y a los Estados Unidos. Estas conexiones pueden ser rastreadas con facilidad, a través de la visualización de datos que reproduce el archivo. Estos enlaces sirven como un importante recordatorio de cuánto contribuimos y compartimos, y cómo todas somos parte de un colectivo de historias humanas. Las estudiantes llegan al salón de clases con una diversidad enorme de experiencias y perspectivas. Conectar con esa rica diversidad de experiencias puede ser una poderosa contradicción para la cultura académica de la individualidad. Es una forma de hacer libertad que se extiende más allá del aula. Este tipo de enseñanza y aprendizaje me da esperanza, el tipo de esperanza que el filósofo Jonathan Lear llama "radical", porque engloba la posibilidad de cambio[21].

Enseñar prácticas que son progresivas (que cuestionan acerca del trabajo que queremos que haga nuestro trabajo), nos permite confrontar el trauma, el sentimiento de pérdida, "lo que la esclavitud se llevó"[22]. Permite que tanto maestras como estudiantes nos conectemos y entendamos lo que hacemos y por qué lo hacemos. Los estudios latinx y otros campos de estudios étnicos existen dentro de un marco de esperanza radical como antídoto contra la enseñanza y el aprendizaje supremacista blanco, excluyentes, de la que muchas de nosotras todavía estamos tratando de recuperarnos. Ya sea que seamos explícitas al respecto o no en nuestra enseñanza, lo que enseñamos exige que las estudiantes piensen en sí mismas como actoras y se relacionen con la lectura desde un espacio personal, desde lo que la escritora feminista chicana, Cherríe Moraga, llama teorizar en la carne, lo que significa que es una teoría "donde las realidades físicas de nuestras vidas—el color de nuestra piel, la tierra o el cemento en el que crecimos, nuestros deseos sexuales—se fusionan para crear una política nacida de la necesidad"[23]. Cuando le enseñamos a estudiantes latinx y a otras estudiantes de color, se vuelve todavía más urgente hacer explícita esa relación con el texto, reconocer el vínculo afectivo que existe entre el sujeto de estudio y la posición del sujeto; entre la teoría y la carne. Ese reconocimiento no nos aleja de un diálogo crítico, por el contrario, abre las posibilidades para una crítica más sincera que lleve a la acción dentro y fuera del aula. Nos permite, como docentes, crear atmósferas de clase libres de violencia y que garantizan la protección de aquellas personas más vulnerables, donde el aprendizaje colectivo tiene prioridad sobre los éxitos individuales.

Las lecciones que he aprendido en las casi dos décadas que llevo enseñando estudios latinx, se han transferido tanto a mi investigación como a mi praxis de vida; guían mis acciones y pensamientos tanto dentro como fuera del aula. En un camino que con frecuencia nos empuja en diferentes direcciones (titularización, reuniones de profesoras, conferencias nacionales, etc.), es fácil perder de vista el porqué hacemos lo que hacemos. Enseñar en libertad es ser conscientes de que hay una meta mayor que nos conecta más allá de nuestros campos de estudio, facultades y responsabilidades individuales: la justicia y la equidad para todes les seres humanos, es reconocer que el aprendizaje es una práctica comunal o, como nos enseñó bell hooks, que aprender en comunidad es una práctica de amor.

4.

EXAMEN FINAL

Los estudios étnicos como método anticolonial

> Cualquier historia decente de la universidad en
> los Estados Unidos, y de hecho en el mundo occi-
> dental, debe contar los estudios étnicos como una
> de las contribuciones—a la variedad de campos y
> ciencias que constituyen la universidad occiden-
> tal moderna—más originales e influyentes de la
> academia de los EE. UU. Asimismo, cualquier his-
> toria decente de la universidad en Estados Unidos
> tendrá que contar la respuesta de la academia ante
> los desafíos constructivos planteados por los estu-
> dios étnicos como uno de los mayores fracasos de
> la universidad norteamericana.
>
> —**Nelson Maldonado-Torres**, *"Ethnic Studies
> in the Face of the Liberal Hydra"* (Los estudios
> étnicos ante la Hidra liberal)

Los estudios étnicos, tal como los practico, son un proyecto de transformación que busca descolonizar la universidad, desafiar las formas en las que el conocimiento eurocéntrico sobre la historia

95

humana ha sido producido como la norma o, simplemente, como Conocimiento, con "C" mayúscula (Literatura, Historia, Arte), mientras que todo lo demás (las culturas, las historias y las experiencias de las personas no europeas) es subyugado, escondido o silenciado, retratado como innecesario, extracurricular, folclórico. Los estudios étnicos anticoloniales incluyen el estudio de personas que han sido colonizadas, oprimidas y racializadas por no ser blancas: la gente negra, latinx, asiática y nativa. Aunque el término en sí es defectuoso (étnico como término tiene una historia colonizadora y deshumanizadora que data del siglo XVIII), en su papel subversivo dentro de la universidad, los estudios étnicos enfocan las experiencias, las culturas y las historias de gente no blanca, de personas colonizadas y minorizadas.

Como campo académico en los Estados Unidos, los estudios étnicos son parte de la estructura interdisciplinaria más amplia de los estudios americanos y están en conversación con campos emergentes, como los estudios decoloniales. Los estudios étnicos son un sitio transdisciplinario riguroso para la investigación y la enseñanza (es decir, en su investigación y práctica docente, las académicas en el área de estudios étnicos podrían formarse en ciencias sociales o en humanidades o en ambos campos, atendiendo a múltiples métodos de investigación). Mi propio trabajo, mi formación interdisciplinaria como académica de estudios étnicos y de estudios americanos, me coloca en un lugar entre la historia y la literatura. El trabajo que realizo involucra tanto archivos históricos como textos literarios, música y artes visuales.

La forma en la que los estudios étnicos funciona dentro de la academia es como un sitio crítico y anticolonial de producción de conocimiento, aprendizaje y enseñanza. Por lo tanto, proporciona al estudiantado, al profesorado y a las comunidades de donde provienen un hogar intelectual, así como una conexión a los acontecimientos históricos y sociales que dan forma a esas experiencias comunitarias: colonialismo, guerras, migraciones y movimientos sociales. Como un área creciente de investigación intelectual, los estudios étnicos no son solo una necesidad absoluta; son la única forma de salvar la academia de la fatalidad. Cuando se les permite cumplir su propósito, los estudios étnicos son una praxis de justicia fomentada en la rebeldía y la libertad. Dado el estado de nuestra nación y de nuestro mundo, no puedo pensar en un área de estudio más urgente en cualquier institución de aprendizaje, desde el preescolar hasta el posgrado.

Lo que consideramos como el currículo estándar, del que generaciones de seres humanas que recibieron una educación occidental han aprendido, está cimentado en la supremacía blanca, pero enmascarado como objetivo. Los estudios étnicos se encargan de llenar los inmensos vacíos que dejó nuestro sistema educativo eurocéntrico, contradiciendo su violencia, cambiando el discurso. A diferencia de las áreas de estudios que se concentran en estudios nacionales y territorios regionales (como los estudios africanos, estudios asiáticos, estudios latinoamericanos, etc.), los estudios étnicos fueron creados para desafiar el currículo ya existente y enfocarse en la historia de personas de varias etnias minorizadas en los Estados Unidos. A través de los años, estas interrogantes se han vuelto transnacionales debido a que los vínculos entre el colonialismo, la migración y las identidades minorizadas exigen que nos involucremos con estas experiencias e historias más allá de un país en particular. Tras surgir dentro del movimiento de los derechos civiles—ya que las estudiantes minorizadas de color exigieron que se estudiaran sus historias y culturas y que se incluyeran en el currículo, — los estudios étnicos también tienen la peculiar carga de ser un campo de conocimiento que se institucionalizó a través de la rebelión.

La primera movilización estudiantil masiva que exigió el establecimiento de una cátedra de estudios étnicos tuvo lugar en California, en 1968-1969. Liderada por el Third World Liberation Front

(Frente de Liberación del Tercer Mundo), en alianza con la Black Student Union (Unión de Estudiantes Negras), la Latin American Student Organization (Organización de Estudiantes Latinoamericanas), la Asian American Political Alliance (Alianza Política Asiática-Americana), la Philippine American Collegiate Endeavor (Esfuerzo Colegiado Filipino-Americano) y la Native American Student Union (Unión de Estudiantes Nativa-Americanas) en San Francisco State College (ahora conocida como la Universidad Estatal de San Francisco), esta huelga estudiantil de cinco meses fue la más larga de la historia de las revueltas estudiantiles en nuestra nación. Resultó en la fundación del primer departamento de estudios étnicos en San Francisco State College en 1969. Más que la creación de un departamento, el mayor logro de esta rebelión fue el diálogo nacional sobre la necesidad de crear espacios institucionales de aprendizaje donde el conocimiento subyugado y las experiencias del estudiantado minorizado fueran centrales. Por medio siglo, desde la creación del Departamento de Estudios Étnicos de la Universidad Estatal de San Francisco, hemos seguido viendo estudiantes rebelarse, exigir e insistir en su derecho a aprender de una multiplicidad de perspectivas e historias, sobre la necesidad de descolonizar la universidad.

En muchas instituciones educativas en los Estados Unidos y en otros lugares, sin embargo, los estudios étnicos son prácticamente inexistentes. La falta de compromiso institucional con los campos de estudios étnicos se da, en gran medida, tanto por la errónea percepción que se tiene de los mismos (vistos a veces como un lugar de autocontemplación por parte del estudiantado de color, en lugar de un espacio crítico de investigación y enseñanza anticolonial), como un sitio potencial de crítica decolonial y activismo dentro de la universidad. Para el pequeño séquito de mujeres docentes de color que trabajábamos en estudios étnicos en Harvard (durante mi tiempo allí), este concepto erróneo también llevó a la fusión de nuestra área de estudios con nuestras identidades raciales y étnicas. Siguiendo la lógica de la administración universitaria, tanto mi posición como súbdita latina negra y mi área de estudio, estudios de la negritud y la afrodescendencia, son una y la misma vaina. Esta fusión significaba que a menudo se les pedía a otras profesoras latinx, que no trabajaban en mi campo, que realizaran servicios y evaluaran el trabajo en estudios latinx o tomaran mi lugar como asesora del programa de estudios latinx tras mi partida, como fue el caso de una colega de ciencias a la que se le pidió, para su sorpresa, que se responsabilizara de asesorar a mis estudiantes de posgrado en humanidades.

La fusión de la identidad con nuestro campo de estudio alimenta la juglaría y caricaturización de nuestras identidades raciales y étnicas que cumplen con los mandatos coloniales basados en las nociones supremacistas blancas de quiénes debemos ser. Esto quedó claro para el público en 2020 con el desenmascaramiento de una académica blanca, Jessica Krug, que por años fingió ser afrolatina imitando el acento y vistiéndose como si fuera una puertorriqueña negra del Barrio en la ciudad de Nueva York[1]. Irónicamente, a Krug se le otorgó la titularidad y recibió múltiples premios por su labor investigativa y docente. En mis experiencias cotidianas en Tufts, Harvard, UGA y otras instituciones a las que he estado afiliada a lo largo de los años, las expectativas y las proyecciones de la "mirada blanca" respecto a la latinidad se manifestaban en la desestimación categórica del campo de conocimiento que enmarca mi trabajo. Esto conduce a la desestimación de estudiantes de estudios latinx que también se identifican como latinx; algo que aprendí en un intercambio con un colega durante mi tercer año en Harvard. Discutíamos las necesidades de estudiantes que en ese entonces realizaban investigaciones dentro del campo de estudios latinx; debo señalar que eran estudiantes de múltiples grupos étnicos y trasfondos raciales interesados en literatura y cultura latina. Yo le compartía lo sobrecargada de trabajo que me sentía con casi dos docenas de estudiantes graduados a quienes asesorar. Él me preguntó si alguien más podía asumir ese rol, repasando brevemente la lista de docentes latinoamericanas (blancas) que trabajaban en la universidad en departamentos como historia de la ciencia y sociología. Confundida, respondí que todas esas personas trabajaban en diferentes campos. "¿Cómo pueden aconsejar una disertación en poesía latinx y performance?", pregunté. A lo que él respondió, sorprendido, que él asumía que como todas éramos latinx venían a mí para hablar de nuestros antecedentes compartidos. Él no tenía idea de que estas casi dos docenas de personas eran académicas reales en un campo real que buscaban a la única docente en humanidades en la universidad que podía guiarlas y asesorarlas en sus estudios. Aturdido por su suposición, yo procedí a explicarle que, si bien yo era inmigrante y provenía de una clase trabajadora, y que compartía esa experiencia con algunas de mis estudiantes, y que entendía que se sentían cómodas por eso, mi papel como su asesora académica era proveer una guía sobre sus proyectos intelectuales en nuestro campo compartido (un campo que estaba subrepresentado en todos los departamentos de la universidad).

En el ensayo "Ethnic Studies Matters" (Los estudios étnicos importan), Lourdes Torres escribe:

> Nos encontramos en una situación paradójica en los estudios étnicos. A pesar de recientemente celebrar más de cincuenta años de existencia en los Estados Unidos, los estudios étnicos todavía son vistos por algunos como un subcampo mediocre o de animación étnica. Esto significa que las académicas de estudios étnicos no solo deben producir investigación de vanguardia, sino que, en muchos casos, también deben justificar su trabajo, ya que los comités de revisión y titularización aún pueden no reconocer su campo como un área válida de estudio[2].

La concepción errónea de que nuestro campo no es esencial ni riguroso se fundamenta en el profundo privilegio blanco que domina la academia. Es decir, la suposición de que el conocimiento eurocéntrico es el único conocimiento válido conduce a malentendidos en el campo de los estudios étnicos y percibe sus métodos como inválidos o, como en el caso de mi antiguo colega, conduce a la fusión de la erudición de estudios étnicos con el proyecto neoliberalista de diversidad (en otras palabras, invertir en estudios étnicos es lo mismo que contratar "profesorado étnico". Por lo tanto, si ya tenemos profesores étnicos en otros campos, no necesitamos invertir en estudios étnicos). Lo absurdo de la lógica por la cual se toman estas decisiones solo puede provenir del absurdo de la supremacía blanca. El rechazo a los estudios étnicos como campo es producto de la ignorancia, del privilegio banco y del miedo. Los estudios étnicos tienen el potencial de redefinir paradigmas, cambiar las estructuras de poder y dotar de conocimientos a las estudiantes que desafían el statu quo y el proyecto colonizador de la universidad. Pero este potencial sigue siendo diferido debido al inadecuado reconocimiento institucional y al poco o nulo acceso a regímenes de respetabilidad académica. Apoyar los estudios étnicos significa renunciar a ciertos poderes y privilegios (blancos). Eso no es algo que las universidades van a hacer voluntariamente, sin oposición o lucha.

En sus escritos de principios del siglo XX, el erudito y bibliófilo negro puertorriqueño, Arturo A. Schomburg, abogó por la creación de departamentos de estudios de la historia de la negritud y para que las personas negras pudieran convertirse en historiadoras. Él creía que, de hacerlo, la gente negra y morena podría impugnar las mentiras, el silencio y la violencia descarada de la universidad. Su propuesta reintrodujo "lo que la esclavitud se llevó": la posibilidad de humanidad y pertenencia[3]. Los estudios étnicos privilegian a aquellos que han quedado fuera de los libros, a personas que, en virtud de la supremacía blanca, se les ha hecho y hace sentir (y se les trata como) menos que humanas, menos capaces, menos dignas de estudio. ¿Cuál podría ser una meta más importante para una maestra y una institución de aprendizaje?

No obstante, a lo largo de los años, y en particular cuando empecé el proceso de mi titularización, mi praxis de estudios étnicos (fundar Freedom University, participar en actos públicos de desobediencia civil que llevaron a mis arrestos, mi trabajo con las comunidades de personas queer de color, mi compromiso con los derechos de las haitianas en la República Dominicana) a menudo han sido recibidos con cautela y temor por parte de colegas y bien intencionadas asesoras. Muchas preguntan: "¿No deberías esperar hasta conseguir tu titularidad antes de ser tan franca con respecto a ciertos temas?", "¿Tú crees que sea seguro para ti ser tan abierta acerca de tus ideales políticos en el aula?". Aunque me hubiera encantado descartar estas preguntas, el aumento de las violaciones a las libertades académicas que dejó a algunas de mis colegas de estudios étnicos sin trabajo o que afectó considerablemente sus carreras tras la negación de su titularidad, entre otros hechos similares, eran simplemente demasiado onerosos para ser ignorados[4].

Las advertencias y los consejos bien intencionados reflejan la idea ampliamente aceptada de que, aunque se espera que las profesoras estén políticamente comprometidas e informadas, debe haber una separación clara entre dicho compromiso y su investigación y docencia para mantener la integridad académica y un sentido de objetividad. ¿Pero cómo separamos nuestra enseñanza de nuestras prácticas cuando las comunidades que estudiamos y a las que servimos están bajo ataque? ¿Cómo nosotres, nosotros y nosotras, como maestras latinx de estudios étnicos y anticoloniales, estudiamos la violencia histórica experimentada por nuestras comunidades y al mismo tiempo permanecemos en silencio mientras las familias son separadas en las fronteras, las personas son deportadas, los jóvenes van a la cárcel, las escuelas carecen de recursos, los barrios se gentrifican y la gente negra es asesinada? ¿Acaso nosotras, como académicas y docentes, no tenemos la responsabilidad de "trabajar por la justicia", como hooks nos instaba a hacer?⁵ ¿Trabajar para devolver un poco de "lo que la esclavitud se llevó", como nos invitó a hacer Schomburg? El área de la educación, las artes y las humanidades siempre han sido lugares de debate sociopolítico, en parte debido a la libertad creativa que nos brindan y en parte porque los programas de arte, educación y justicia social son a menudo los primeros sitios institucionales en sentir los efectos de la política neoliberal (los recortes presupuestarios, las reducciones de personal, etcétera). Y, sin embargo, yo también entiendo que el compromiso con la justicia social, ya sea en el salón de clases, en la comunidad o en movimientos políticos comunitarios, tiene muchas caras. El compromiso con la justicia social, el activismo, surge desde un lugar profundamente personal que no siempre se nombra. Por lo tanto, mi intención aquí no es invitar a las docentes a ser "activistas" sino a proporcionar un método que involucre la justicia social en el aula. He compartido algunas de las lecciones personales más profundas que he aprendido en mi propio alborotado vaivén a través de la enseñanza de estudios latinx en las múltiples y muy distintas instituciones y salones que he habitado a lo largo de los años. Te invito a pensar en las posibilidades que pueden surgir si ponemos en primer plano la justicia social como un objetivo claro en nuestra enseñanza, si pensamos a través de las herramientas que los estudios étnicos pueden llegar a proporcionar.

Los estudios étnicos sacan a luz saberes silenciados, toda la historia y las historias que no se han privilegiado como norma ni como verdad objetiva: esto incluye las perspectivas de las poblaciones indígenas en torno a procesos de colonización; los puntos de vista sobre el republicanismo y la ciudadanía desde la perspectiva de las personas que han sido excluidas de la nación; y críticas al capitalismo entendido como un sistema racial de opresión. Muchas de nosotras hemos sido privadas de una educación adecuada porque hemos sido instruidas con visiones parciales, muy limitadas del mundo y con algunas ideas de la verdad—lo que pensamos que sucedió, de lo que estamos seguras—que están incompletas, parcializadas y racializadas. Cuando hablamos de procesos como la independencia, la revolución, el nacimiento de una nación, el movimiento por los derechos de la mujer, grandes movimientos literarios y culturales, el medio ambiente, y el progreso humano, pensamos que tenemos las fechas correctas, los nombres de las personas que crearon esas naciones o dirigieron esos movimientos, o de quienes inventaron esos avances. Creemos que sabemos la causa y los efectos de los acontecimientos sociales que afectan nuestro mundo. Tenemos constituciones que se convierten en verdades universales acerca de naciones particulares con un lenguaje aparentemente inclusivo como "todos los hombres son creados iguales", un lenguaje escrito en un momento en el que la esclavitud todavía era legal y en el que las mujeres no contaban como seres humanas plenas. Toda historia oficial no es más que una verdad parcial, fragmentos de historias contadas como las recordaban aquellas personas que tenían derecho a hacerlo. Lo que no ha entrado en los archivos oficiales o en los libros de texto (las notas a pie de página en los discursos oficiales, las perspectivas que a menudo se consideran subjetivas, la teoría de la carne), ese es el conocimiento que los estudios étnicos hacen central.

Les enseño a mis alumnas a cuestionar todo lo que leen, a identificar los silencios incluso en mi propio plan de estudios y en mis conferencias, a preguntar sobre los silencios, aunque aún no sepamos cómo llenarlos; a notar ausencias y omisiones; y a nombrar y a ubicar la posición desde la cual se escribe y se produce el conocimiento. Porque todo lo que pretende ser objetivo y veraz existe gracias a eso que se silencia. Y son esos silencios los que realmente necesitamos comprender acerca de nuestra experiencia humana colectiva. Hay tantos otros discursos allá afuera, todas estas otras versiones de la historia, todo este arte asombroso que debemos ver. Han sido ocultados, intencionalmente o no, y lo que tratamos de hacer desde los estudios étnicos es hacerlos resurgir y cuestionar las fuerzas que produjeron su exclusión.

Muchas de nosotras hemos tenido la experiencia de aprender historia, arte y filosofía a través del lente del imperio estadounidense. Desde el momento en que nuestras hijas van al preescolar hasta que llegan a la universidad, lo que entendemos por "educación" proviene de un subconjunto muy pequeño de nuestra humanidad: la versión de nuestra humanidad que ha dominado, oprimido y colonizado al resto. Lo que enseñamos, lo que pensamos como conocimiento legítimo, lo que resguardamos como algo valioso y lo que consideramos nuestros cánones sagrados están fundamentados en el dominio blanco y las estructuras coloniales que engendraron las universidades americanas. Los estudios étnicos contradicen la dominación de la supremacía blanca en la educación. Ofrecen al estudiantado la posibilidad de ver las cosas a través de una lente diferente al que les fue dado y cuestionar lo que les dijeron como verdad.

Schomburg era un idealista y un emprendedor que creía plenamente en la posibilidad de libertad e igualdad para todas las personas. Cuando emigró a la ciudad de Nueva York a finales del siglo XIX, lo hizo porque quería unirse a los esfuerzos revolucionarios de liberar Puerto Rico de la explotación colonial española. En Nueva York, sin embargo, pronto se encontró en las "entrañas de la bestia", para tomar prestada la célebre frase de José Martí, mientras el colonialismo estadounidense se tragaba Puerto Rico y a él lo escupía como un migrante no ciudadano (como otro tipo de negro). Ya era bastante difícil ser un hombre negro en el mundo, pero ser un migrante negro era un desafío que aún no tenía ni nombre; para entonces todavía no teníamos palabras como diáspora y latinidad. A pesar de su increíble éxito, Schomburg siempre vivió entre dos formas de exclusión: negro y migrante. Aunque Schomburg no se definiera a sí mismo como afrolatino o latinx (nuevamente, estos términos no estaban disponibles para él a principios del siglo XX), su experiencia con la raza, la migración y la no pertenencia son relevantes para muchas de nosotras que hoy nos identificamos como negras o morenas latinx. Ya sea que hayamos nacido en los Estados Unidos o en otros lugares, nuestros cuerpos racializados, nuestros apellidos hispanos, nuestros acentos y nuestras experiencias como migrantes continúan excluyendo a muchas de nosotras de la americanidad: Somos latinx, latina, latine, latino y, en este país, en este clima político, eso es una marca de desvinculación y exclusión.

Sin embargo, al leer el trabajo de Schomburg es imposible evitar sentir un destello de optimismo y esperanza. Este hombre se adelantó a su tiempo. Articuló el significado de la diáspora negra antes de que existiera el término. Ya en 1901, había conectado los puntos entre el colonialismo estadounidense en el Pacífico y el Caribe, puntualizando que producía ciudadanía de segunda clase. Notó que la única vía hacia un futuro de "integridad racial" era a través de configuraciones transnacionales de solidaridad anticolonial basadas en el conocimiento, la historia y la posibilidad de otra forma de aprender. Schomburg escribió:

> La mente y el corazón del académico blanco están encendidos porque en el templo del aprendizaje se les dice cómo, el 5 de marzo de 1770, los estadounidenses pudieron vencer a los inglesas; pero para encontrar a Crispus Attucks es necesario zambullirse en libros especiales[6]... ¿Dónde está nuestro historiador para que nos dé nuestro punto de vista? Necesitamos, en el amanecer venidero, a la mujer que nos provea *el trasfondo de nuestro futuro*; sin que importe que provenga de los claustros de la universidad o de las parcelas del campo[7].

Schomburg dedicó su vida a construir el archivo de historias negras más extenso del mundo y lo dejó allí para que lo continuáramos, para que escribiéramos libros, para que enseñemos y para alimentar las mentes de las académicas negras. La obra de su vida, su archivo, fue construido con la esperanza de que nosotras tomaríamos la antorcha y seguiríamos la marcha. Algunas de nosotras lo hemos intentado.

Durante mis casi dos décadas enseñando estudios latinx en varias instituciones—Dartmouth College, la Universidad de Georgia, la Universidad de Harvard, Freedom University y la Universidad de Tufts—, he atestiguado lo que Schomburg quiso decir con "encender las antorchas" del conocimiento que podrían "inspirarnos hacia la integración racial"[8]. Semestre tras semestre, mientras mis cursos se llenan de estudiantes de primera generación, en su mayoría latinx de diversos orígenes raciales, nacionales y económicos, me maravillo de cómo las empodera leer, pensar y producir a través de los marcos anticoloniales de los estudios étnicos y latinx. Las decenas de cartas y correos electrónicos de mis estudiantes durante estos años, diciendo cosas como "Esta clase me salvó" o "Leer a Josefina Báez me cambió la vida", han sido recordatorios tangibles de la importancia de hacer trabajos de estudios anticoloniales, latinx y de negritud y étnicos (no solo en términos de construir el "antecedente del futuro" ni de "encender las antorchas" del conocimiento, como Schomburg esperaba que lo hiciéramos, sino también en la creación de espacios para la supervivencia y la comunidad dentro de las estructuras coloniales y violentas de la educación superior que continúan retratando la vida, el conocimiento, el profesorado y el estudiantado latinx como no esenciales, como extras en la perfectamente orquestada maquinaria del sistema universitario corporativo).

La académica P. Gabrielle Foreman sostiene que los estudios étnicos "emergen de una necesaria historia de organización, así como de académicas y pedagogías rigurosas que fortalecen las instituciones. Y sus genealogías y teleologías pueden guiarnos" al boicot y a la rebelión. En respuesta a la denegación de mi titularización y, por extensión, al rechazo de Harvard hacia los estudios étnicos, Foreman sugirió: "Si Harvard está calificando tan claramente el cuerpo de nuestro trabajo como extraño e indeseable, puede que sea hora de suspender una larga y disímil relación, y retener nuestro trabajo: nada de clasificaciones ni revisiones; cero cartas de recomendación para sus programas de posgrado o becas. Esa podría ser una forma en la que los Estudios Étnicos y sus campos afines y también difamados, como los de Estudios de la Negritud y la Afrodescendencia, Estudios Indígenas, Estudios Caribeños y Estudios Latinx, se les de la importancia que se merecen"9. Esta es también una forma en la que los estudios étnicos pueden ser un proyecto de rebelión.

La enseñanza de estudios étnicos en tiempos de pandemia

La pandemia del virus COVID-19 sacó a la luz una serie de crisis de gran envergadura, tales como la fragilidad del capitalismo, la precariedad de nuestro sistema médico, la incompetencia de nuestro sistema de salud pública y la insuficiencia de los servicios sociales. Las universidades no han quedado inmunes ante los efectos de esta pandemia. Como parte de la maquinaria capitalista corporativa, las universidades han visto muchas pérdidas y de un modo vertiginoso. Se congelaron las contrataciones, se despidieron trabajadoras, se redujo la ayuda económica estudiantil, y nos estamos preparando para lo peor que está por venir. Aun así, mientras enfrentan el estrés financiero, las universidades persisten en asegurar al estudiantado que resguardarán la integridad de su educación, que la creación de conocimiento y el aprendizaje continuarán. Yo vi este impacto de cerca en Harvard, donde creé y dirigí la Latinx Secondary (Diplomado en Estudios Latinx), una certificación para estudiantes de posgrado que actualmente proporciona servicio a veinticuatro estudiantes. Años de negligencia hacia los estudios latinx, combinados con la denegación de mi titularidad, y la incapacidad para retener profesoras latinas, dejó a mis estudiantes en una situación precaria sin un programa estructurado de estudios latinx; a pesar del compromiso de la universidad con "la excelencia en el aprendizaje y la enseñanza". Del mismo modo, en todo Estados Unidos, las búsquedas y contrataciones para estudios étnicos y estudios latinx han sido canceladas o suspendidas. Nadie protesta. No decimos nada. Estamos en crisis y no hay nada que podamos hacer. El estudiantado debe adaptarse, estudiar otra cosa o encontrar la manera de aprender por su cuenta. Autoeducarse en sus propias historias. Hay gente muriendo, y los estudios latinx no son esenciales.

Excepto que sí lo son.

A través del lente y el marco de los estudios étnicos, futuras doctoras, abogadas, maestras, servidoras públicas y empresarias aprenden una forma más ética y justa de vivir, crear y servir. ¿Qué podría ser más esencial para nuestra humanidad que enfocarnos en las personas en las que se enfocan los estudios étnicos y que son enviadas al frente de batalla de nuestra sociedad (ya sea en la pandemia, en una guerra, en los campos o en las factorías, para ser sacrificadas, para hacer el trabajo que las privilegiadas no quieren)? ¿Qué podría ser más esencial para nuestras universidades que proporcionar la oportunidad de aprender sobre esta crisis desde las propias experiencias de aquellas personas más afectadas por ella, del conocimiento que viene de, como dijo Schomburg, "las parcelas del campo"?

Antes de que COVID-19 golpeara los EE. UU., en marzo de 2020, estudiantes universitarias en todo el país se estaban movilizando en apoyo de los estudios étnicos, exigiendo mejores condiciones para las estudiantes de posgrado y protestando en contra del racismo, la misoginia y la inequidad. En Harvard, las estudiantes exigían programas y cursos de estudios étnicos y transparencia en torno a las negaciones de titularidad de las profesoras de color, incluida la mía. Al otro lado del país, en la Universidad de Stanford, las estudiantes preguntaban: "¿Quién nos está enseñando?", para concientizar sobre la falta de diversidad de docentes en el campus. En Yale, las estudiantes exigían la departamentalización de los estudios étnicos, más recursos docentes y transparencia en torno a la denegación de la titularidad en la facultad de estudios latinx. La lista podría seguir mucho más allá de las universidades de élite, las llamadas Ivy Leagues. En 2019, mientras celebrábamos el cincuenta aniversario de la creación del primer programa de estudios étnicos en la Universidad Estatal de San Francisco, otras universidades estaban y todavía están luchando para retener a un solo miembro del profesorado dedicado a la enseñanza de estudios étnicos, para contratar a una segunda persona, o para crear al menos una especialización secundaria en el campo. Todas estas solicitudes no son atendidas por las instituciones porque, al igual que nuestra gente, nuestro campo se considera no esencial.

Mientras experimentaba el rechazo hacia los estudios latinx (y por extensión, hacia los estudios étnicos) en la institución en la que trabajé durante ocho años para edificarlos, volví al llamado de Schomburg de "encender las antorchas del conocimiento" (para construir departamentos y programas, enseñar en contra de la supremacía blanca de la universidad, aunque sea desde "las entrañas de la bestia"). Sigo preguntándome, ¿dónde nos equivocamos? ¿Cómo es que, cien años después, todavía tenemos esta lucha? ¿Por qué todavía tenemos que convencer a nuestras instituciones de que este conocimiento es esencial, de que nuestros estudiantes importan, de que nuestro trabajo tiene valor?

Dylan Rodríguez lo dijo mejor: "[Los Estudios Étnicos] representan algunos de los trabajos más transformadores, epistemológica y teóricamente desafiantes; los trabajos más crítica y públicamente comprometidos que han emergido de la academia en el último medio siglo. Al producir tal campo de trabajo que altera la academia, los Estudios Étnicos representan la antítesis de las universidades más prestigiosas de investigación (por ejemplo, Harvard et al.)"[10]. ¿Cómo va la universidad a recompensar y a apoyar un campo cuyo propósito es desmantelar las estructuras sobre las que se asienta la institución? Como Schomburg y su proyecto de negritud diaspórica, a la vuelta del siglo XX, los estudios latinx y los estudios étnicos viven en "las entrañas de la bestia". Como académicas en estos campos, producimos conocimiento, creamos espacios y enseñamos en contradicción con las estructuras coloniales opresivas de la universidad supremacista blanca. Nuestro trabajo, nuestra gente, nuestras estudiantes son regurgitadas y escupidas si no somos lo suficientemente sutiles, si revolvemos las entrañas, si nuestro trabajo se vuelve demasiado esencial. Entonces, ¿cuál es el siguiente paso? ¿Cómo continuamos en medio de esta violencia? ¿Cómo nos rebelamos y cómo ganamos?

Una de las proposiciones más increíbles de Schomburg fue la de "una nación sin nación", concepto que ahora entendemos como diáspora. Para Schomburg, sin embargo, esta nación de solidaridad transnacional no significaba que él renunciara a su lugar dentro de la nación estadounidense[11]. Schomburg se esforzó en crear un lugar alternativo de pertenencia a medida que continuaba haciendo espacio para sí mismo en medio de la incomodidad. Nosotras debemos hacer lo mismo. También debemos crear nuestras propias naciones sin naciones, nuestras propias instituciones sin instituciones, nuestras propias escuelas de libertad dentro de las instituciones, nuestros colectivos de duras que nos protejan. Cuando escribo y enseño, lo hago en contradicción con la institución para la que trabajo y en contra de los campos por los que escribo. Trabajé durante ocho años en una institución que justificó la negación de la ciudadanía puertorriqueña, que apoyó la intervención en República Dominicana, fundamentada en la lógica del racismo científico, y que fue erigida por negros esclavizados sobre terrenos indígenas robados. Pero ese era el proyecto de la universidad. Las universidades se crearon para que los hijos de los colonizadores ricos continuaran el proyecto colonial y, eventualmente, el proyecto nacional que siempre se basó en regímenes coloniales de exclusión racial y económica. Entrar a la universidad siendo una mujer de color, inmigrante y descendiente de personas esclavizadas, ya es una ruptura de ese sistema. El objetivo de mi trabajo es contradecir a la universidad como es y cómo se imaginó, y no todo el mundo está de acuerdo con este proyecto. Mucha gente se beneficia de la supremacía blanca y de la vigilancia de las fronteras de los lugares de construcción de conocimiento. Se necesita mucho coraje y conciencia para dar un paso al frente y decir: "Sabemos que las estructuras de esta institución son racistas, sabemos que nos beneficiamos de esa estructura y que hemos sido cómplices sosteniéndola, pero queremos cambiar eso", y luego, en efecto, hacer ese trabajo estructural. Se necesitan ganas, compromiso y sacrificio. Muy pocas personas de las que se benefician de este sistema quieren hacer más que apoyar de la boca para afuera la lucha contra los sistemas de supremacía blanca, mismo que les permite prosperar y triunfar a expensas de la explotación, el desaliento y el rechazo de sus colegas no blancas.

¿Qué podemos hacer entonces para descolonizar la universidad? ¿Cómo luce ese trabajo? Yo no tengo todas las respuestas. Sé que hay cosas que podemos hacer para empezar, como contratar profesorado de color que provenga de comunidades que han sido oprimidas y desfavorecidas. Eso significa tomar en serio la investigación de estas académicas, valorarla, amplificarla y apoyarla. Eso significa no explotar a las profesoras de color al exigirles cantidades intolerables de servicio. Eso significa promover el profesorado de color, retenerlo, recompensarlo por el trabajo adicional que produzca y otorgarle la titularidad. Eso significa también repensar y abolir los lazos corporativos de las instituciones, dejar de invertir en cárceles y en combustibles fósiles. Significa construir centros, institutos y cátedras que centren el conocimiento que ha sido subyugado y se estudie entre los distintos campos del saber. Significa tener un plan práctico para apoyar a estudiantes indocumentadas, de primera generación, estudiantes de color, y LGBTQ+. Significa entender que el proyecto de "diversidad e inclusión" ha fracasado. Significa hacer de la justicia social y la igualdad los objetivos más importantes en todos los espacios de la institución, desde las aulas y los comedores hasta la oficina de la decana. Eso requiere cambiar de dirección, de un enfoque reactivo a uno proactivo (desde el simple hecho de condenar el racismo en un memorando, hasta construir espacios y programas que sean antirracistas y anticoloniales y que combatan activamente la supremacía blanca).

¿Cómo se vería la universidad ideal?

Se vería como un grupo de académicas de todas las razas y etnias centrándose en el trabajo, las historias y la producción artística de las personas marginadas, negras minorizadas y colonizadas, latinas y latinx, asiáticas, indígenas, personas inmigrantes, discapacitadas y queer, en lugar de verlas como objetos de estudio. Esto no debería ser solo potestad de los estudios étnicos; debería ser el trabajo de toda la universidad. Deberíamos pensar en el desmantelamiento de la supremacía blanca en nuestras instituciones y reenfocar el conocimiento subyugado en todas partes, en cada facultad. O, tal vez, deshacernos de los departamentos por completo y comenzar a cuestionarnos, y empezar a responder las preguntas que hemos estado contemplando durante los últimos doscientos años a través de otros lentes, otros conocimientos y otras literaturas. Y veamos a dónde nos lleva eso.

Mientras tanto, debemos continuar rebelándonos a través de nuestra investigación y nuestra praxis al pensar y hacer estudios étnicos, creando nuestras propias zonas de libertad en nuestras aulas, nuestras comunidades de sustento y pertenencia. Hay que seguir vociferando contra las, les y los agresores y los opresores como lo hizo mi bisabuela Julia, para unirnos en protesta, y rebelarnos en comunidad.

La lucha sigue.

AGRADECIMIENTOS

Escribí este pequeño libro durante uno de los momentos más difíciles de mi vida, a raíz de la denegación de la titularización que cambió mi vida, y mientras el mundo cerraba sus puertas debido a la pandemia del COVID-19. Escribir este libro fue mi acto personal de esperanza radical. También fue un gesto de agradecimiento por la solidaridad y la bondad que recibí de tanta gente alrededor del mundo: amigas y familiares, colegas y estudiantes, y gente a la que aún no he conocido. Por cada acto de odio que enfrenté, le siguieron una docena de actos de bondad. Eso me dio esperanzas. Hizo posible que me despertara todas las mañanas y escribiera. Así que, ante todo, quiero agradecer a las casi seis mil personas que firmaron peticiones, escribieron cartas y enviaron notas de apoyo y aliento mientras yo me enfrentaba a esta violencia; mi agradecimiento a las decenas de estudiantes que sostuvieron meses de protestas activas y de desobediencia civil pidiendo estudios étnicos en Harvard hasta que la pandemia las obligó a parar, y a las creadoras y colaboradoras de la iniciativa Ethnic Studies Rise (Los Estudios Étnicos Se Levantan) y del "Lorgia Fest", especialmente a Katerina González Seligmann, Álex Gil y Raj Chetty. Aunque no pude responder a cada mensaje, o agradecerles individualmente, lo leí todo y atesoro cada palabra. Su bondad fue mi salvación, y les estaré por siempre agradecida.

Le debo mi supervivencia a mi equipo de duras de Boston, las matatanas que me han sostenido estos últimos dos años. Su amor y cuidado son el mejor de todos los regalos. Gracias, Medhin Paolos, Durba Mitra, Genevieve Clutario, Irene Mata, Lauren Kaminsky, Paola Ibarra, Jodi Rosenbaum y Kirsten Weld, por haber hecho de Boston un lugar hospitalario para mí, a pesar de todas mis heridas. Tantas queridas amigas y comadres cercanas, y geográficamente lejanas, me nutrieron de palabras, comida y mimos: Josefina Báez, Sharina Maillo-Pozo, Pam Voekel, Beth Manley, Dana Bultman, Bethany Moreton, Betina Kaplan, Eric Gómez, Heijin Lee, Afia Ofori-Mensa y Adnaloy Espinosa estuvieron tan presentes, a pesar de su distancia geográfica, que casi podía sentir sus brazos abrazándome a través del teléfono o de la pantalla. Chandra Talpade-Mohanty, Angela Y. Davis, P. Gabrielle Foreman, Alicia Schmidt Camacho y Yolanda Martínez-San Miguel me aconsejaron y me ofrecieron múltiples opciones mientras contemplaba el desempleo en tiempos de pandemia. El tiempo que invirtieron en mí, sus preocupaciones por mi bienestar, su apoyo no solo a mi carrera sino también a mi persona, fue mi sustento.

Muchos, muches, muchas de mis alumnas se convirtieron en familia estos últimos años, compartiendo (además de nuestro deseo comunal de cambiar la academia) risas, comida y hermosos momentos de callada resistencia. Quiero agradecerles especialmente a Alondra Ponce, a Massiel Torres Ulloa y a Keish Kim, por construir conmigo esta familia de guerreras feministas en Boston. Su trabajo y su fuego nutren mi esperanza radical por otra manera de hacer este trabajo, juntas.

Escribí este libro por y para las mujeres de mi vida, mujeres en mi historia y ascendencia, y para las mujeres que nunca conoceré, pero que son una gran parte de mí. Ha sido por esta comunidad de mujeres, y algunos aliados, que he podido hacer el trabajo que hago. Quisiera mencionar a George Lipsitz, a Silvio Torres-Saillant, a Cornel West, a Satya Mohanty, a Robin D. G. Kelley, a Dean Saranillio y a Walter Johnson, cuya bondad, amistad y apoyo han sido los regalos más maravillosos.

Muchas gracias a Teresita Fernández por animarme mientras escribía y por regalarme su hermoso arte para la portada; a Dao Tran por su incisivo trabajo editorial que finalmente hizo que este libro fuera más accesible para les lectores, a Anthony Arnove por creer en este proyecto y llevarlo a cabo, a Yarimar Bonilla por guiarme hacia Haymarket Books, a Maaza Mengiste, Barbara Ransby, Deborah Parédez, Achy Obejas y Megan Bayles por leer el manuscrito y haberme retroalimentado, por sus comentarios y notas publicitarias para la sobrecubierta. El capítulo 3 surgió de una pieza más corta que escribí para una colección de ensayos titulado Critical Dialogues in Latinx Studies (Diálogos críticos en los estudios latinx), editado por Ana Ramos-Zayas y Mérida Rúa. Me siento muy agradecida del diálogo que ese espacio brindó para pensar sobre liberación y comunidad como praxis.

El traducir este libro a mi idioma madre, era una de mis principales metas. Lograr que al leerlo me representara, que sonara a mi—con todo el sazón dominicano de este español caribeño que tanto amo— es un regalo que eternamente agradeceré a la incomparable Kianny Antigua. Gracias Kianny por tu dedicación, por tu empeño en representarme, gracias por ser parte de esta comunidad de duras. Gracias también a Giselle Rodríguez Cid por las correcciones y a Róisín Davis por apoyar el proyecto de traducción.

Finalmente, mi eterno agradecimiento a mi abuela Altagracia Franjul, por avivar el fuego que me llevó a este camino de comunidad y rebelión. Gracias, vieja.

NOTAS

1. Objetivos del curso: Cuando eres "La única"

1. Si bien no existe una investigación cuantitativa sobre las denegaciones de titularidad a profesoras, en la última década, las exposiciones públicas en los medios de comunicación y las redes sociales han llamado la atención sobre la práctica. Los casos notables más recientes son los de la académica y periodista Nikole Hannah-Jones, a quien se le negó la titularidad en la Universidad de Carolina del Norte, y la del filósofo Cornel West, a quien se le negó en Harvard. Ver: Katie Robertson, "Nikole Hannah-Jones Denied Tenure at University of North Carolina", New York Times, 19 de mayo de 2021, www.nytimes.com/2021/05/19/business/media/nikole-hannah-jones-unc.html; Julia Lieblich, "Historia de denegaciones de tenencia inescrutables de Harvard", Nation, marzo 9, 2021, www.thenation.com/article/society/harvard-tenure-cornel-west/.

2. Nathan Matías, Neil Lewis Jr. y Elan Hope, "Universities Say They Want More Diverse Faculties. So Why Is Academia Still So White?" FiveThirty-ty-Eight, 7 de septiembre de 2021, https://fivethirtyeight.com/features / universities-say-they-want-more-diverse-faculties-so-why-is-academia-still-so-white/. Véase también: "Tenure" en la sección "Issues" de la página web American Association of University Professors, www.aaup.org/issues/tenure.

3. La encuesta United States Department of Education Employees, lleva-da a cabo en 2011 por Assigned Position, reportó que, de los más de 1,5 millones de los miembros de la fuerza laboral académica, 1,1 millones (o aproximadamente el 73 por ciento) estaban enseñando sin miras a la titula-rización en nombramientos temporales o contingentes. De David Laurence véase, "A Profile of the Non-Tenure-Track Academic Workforce", ADFL Boletín 42, número 3 (2013): 6–22, https://doi.org/10.1632/adfl.42.3.6. Véase también el National Center for Education Statistics Report on 2020–

2021 faculty salary.

4. Aunque había un puñado de profesoras permanentes Latinx (que no trabajaban en Estudios Latinx ni en Estudios Étnicos) en Harvard durante mi temporada allí, yo era la única latina sin titularización en ese entonces. La mayoría de la gente que la universidad identifica como latinx, debo señalar, eran personas latinoamericanas blancas o españolas. Yo era una de dos profesoras afrolatinas en toda la universidad.

5. Sara Ahmed, *On Being Included: Racism and Diversity in Institutional Life* (Durham, NC: Duke University Press, 2012), 5.

6. Cuando uso el término "universidad de élite", me refiero a la Ivy League y las universidades privadas de prestigio con procesos de admisión altamente competitivos y grandes dotaciones.

7. La introducción de Yolanda Flores Niemann, Gabriella Gutiérrez y Muhs, y Carmen G. González en *Presumed Incompetent II: Race, Class, Power, and Resistance of Women in Academia*, ed. Yolanda Flores Niemann, Gabriella Gutiérrez y Muhs, y Carmen G. González (Boulder: University Press of Colorado, 2020), 3.

8. Ahmed, *On Being Included*, 3.

9. Véase: Amelia N. Gibson, "Civility and Structural Precarity for Faculty of Color in LIS", Journal of Education for Library and Information Science 60, no. 3 (2019): 215–22; Julián Vásquez Heilig et al., "Considering the Ethnoracial and Gender Diversity of Faculty in United States College and University Intellectual Communities", Hisp. JL. & Pol'y (2019); 1; Isis H. Settles, Martinique K. Jones, NiCole T. Buchanan y Kristie Dotson, "Epistemic Exclusion: Scholar(ly) Devaluation That Marginalizes Faculty of Color", Journal of Diversity in Higher Education (2020).

10. Lourdes Torres, "Ethnic Studies Matters", Kalfou 7, número 2 (2020): 215–21.

11. Como discuto en el capítulo 4, mientras que los estudios étnicos han sido un campo establecido por medio siglo y, aunque las universidades en las costas oeste y este (particularmente en California, Nueva York y Nueva Jersey) han establecido programas de estudios étnicos, a veces divididos por diferencias étnicas regionales (como los estudios puertorriqueños en Nueva York y los estudios chicanos en Los Ángeles), en la región de Nueva Inglaterra, las universidades se han resistido a la institucionalización de los programas de estudios étnicos, a pesar de la demanda de los estudiantes desde finales de la década de 1970. La creación del Programa de Estudios Latinas/Latinos, en Williams College en 2014; el Programa de Estudios Étnicos en Wellesley, en 2014; el Programa de Etnicidad, Migración y Raza de Yale; y el Departamento de Estudios sobre Raza, Colonialismo y

Diáspora en Tufts, entre muchas otras iniciativas dirigidas por estudiantes, están liderando un cambio importante, no solo en dónde se enseñan los estudios étnicos, sino también en la forma en que se relacionan con otros campos y con preocupaciones globales sobre la justicia y la equidad.

12. Según el National Center for Education Statistics, a partir de 2018, sobre el 75 por ciento de las profesoras de tiempo completo son blancas. La mujeres negras y latinas alcanzan un escaso 3 por ciento. Consúltelo en: https://nces.ed.gov/fastfacts/display.asp?id=61.

13. Robin D. G. Kelley, "Black Study, Black Struggle", *Ufahamu: A Journal of African Studies* 40, número 2 (2018): 153–68 (publicado originalmente en 2016, por el *Boston Review*).

14. Ramona Hernández, "The Legacy of Dominicanidad", un simposio en honor al trabajo de Lorgia García Peña, Harvard University, jueves 30 de enero de 2020, https://hutchinscenter.fas.harvard.edu/event/legacy-dominicanidad-symposium-work-lorgia-garcía-peña.

15. National Center for Education Statistics, "Race and Ethnicity of College Faculty", https://nces.ed.gov/fastfacts/display.asp?id=61.

16. National Center for Education Statistics, "Race and Ethnicity of College Faculty".

17. bell hooks, *Killing Rage: Ending Racism* (Nueva York: Henry Holt, 1996), 265.

18. En *The Borders of Dominicanidad* (Duke University Press, 2016), presento el término "contra*dicción*" para que pensemos en discursos alternativos, historias y archivos que puedan ayudarnos a pensar en posibilidades más allá o en contra de las versiones hegemónicas de la historia.

19. Camara Brown, "The Intimacy They Were Looking For: Black Women Theorizing Feminism and Friendship, 1901–1988", prospecto de disertación en Estudios Americanos, Universidad de Harvard, 9 de diciembre de 2020.

20. Lorgia García-Peña, *The Borders of Dominicanidad: Race, Nation, and Archives of Contradiction* (Durham, NC: Duke University Press, 2016).

21. Ginetta E. B. Candelario, *Black Behind the Ears: Dominican Racial Identity from Museums to Beauty Shops* (Durham, NC: Duke University Press, 2007).

22. Kelley, "Black Study, Black Struggle", 161–62.

23. Kelley, "Black Study, Black Struggle", 162.

24. Ahmed, *On Being Included*, 66.

25. Gloria Anzaldúa, *The Gloria Anzaldúa Reader*, ed. Ana Louise Keating (Durham, NC: Duke University Press, 2009), 204–5.

26. Colleen Flaherty, "Outspoken Out of a Job?" *Inside Higher Ed*, 17 de diciembre de 2020, www.insidehighered.com/news/2020/12/17/scholars-

pledgenot-speak-ole-miss-until-it-reinstates-colleague.

27.   Flores Niemann, Gutiérrez y Muhs, y González, introducción de *Presumed Incompetent II*, 5.

2. Lista de lecturas: La complicidad con el blanqueamiento no te salvará

1.   Uso "conocimientos" en plural para dar cuenta de la pluralidad y la diversidad de los significados intelectuales, históricos y culturales que provienen de las diversas comunidades encarnadas en el término general *"people of color"*.

2.   National Center for Education Statistics, "Race and Ethnicity of College Faculty".

3.   Grace Park, "My Tenure Denial", en *Presumed Incompetent II*, 280.

4.   Joanne Trejo, "The Burden of Service for Faculty of Color to Achieve Diversity and Inclusion: The Minority Tax", *Molecular Biology of the Cell* 31, número 25 (noviembre de 2020): https://doi.org/10.1091/mbc.E20-08-0567. En los últimos cinco años, hemos visto un aumento en los estudios sobre el impacto del "minority tax" en varios campos académicos, entre ellos la medicina, las ciencias, las ciencias sociales y las humanidades. Véase, por ejemplo, el artículo de Kendall M. Campbell y José E. Rodríguez, "Addressing the Minority Tax: Perspectives from Two Diversity Leaders on Building Minority Faculty Success in Academic Medicine", *Academic Medicine* 94, número 12 (2019): 1854-1857, y, de José E. Rodríguez, María Harsha Wusu, Tanya Anim, Kari-Claudia Allen y Judy C. Washington, "Abolish the Minority Woman Tax!" *Journal of Women's Health* 30, número 7 (2021): 914-15.

5.   "María", en conversación con la autora vía teleconferencia (Zoom), 1ro de marzo de 2020.

6.   "María", en conversación con la autora, 1ro de marzo de 2020.

7.   "María", en conversación con la autora, 1ro de marzo de 2020.

8.   Ver "FAS Dean Gay Declares 'Institutional Commitment' to Ethnic Studies in Wake of Protests", *The Crimson*, 10 de diciembre de 2019, www.thecrimson.com/article/2019/12/10/ethnic-studies-concentration.

9.   "Jane", en conversación con la autora por teléfono, 12 de abril de 2020.

10.   "Jane", en conversación con la autora, 12 de abril de 2020.

11.   "Jane", en conversación con la autora, 12 de abril de 2020.

12.   Esther O. Ohito, "Some of Us Die: A Black Feminist Researcher's Survival Method for Creatively Refusing Death and Decay in the Neoliberal Acad-

emy", *International Journal of Qualitative Studies in Education* (2020): 1–19, 5.

13. Reunión de profesoras de Latinx, notas de la autora, 6 de abril de 2021.

14. Christina Sharpe, *In the Wake: On Blackness and Being* (Durham, NC: Duke University Press, 2016).

15. Kent Jason G. Cheng, Yue Sun y Shannon M. Monnat, "COVID-19 Death Rates Are Higher in Rural Counties with Larger Shares of Blacks and Hispanics", *Journal of Rural Health* 36, número 4 (2020): 602–8.

3. Examen parcial: La enseñanza como acompañamiento

1. Para un examen más completo del feminismo dominicano en el siglo XX, véase: Elizabeth S. Manley, "Of Celestinas and Saints, or Deconstructing the Myths of Dominican Womanhood", *Small Axe: A Caribbean Journal of Criticism* 22, número 2 (2018): 72–84, 76, y *The Paradox of Paternalism: Women and the Politics of Authoritarianism in the Dominican Republic* (Gainesville: University Press of Florida, 2017).

2. Ley 4.1.6, "Admission of Persons Not Lawfully Present in the United States", y Ley 4.3.4, "Verification of Lawful Presence" in Board of Regents Policy Manual (2010). Official Policies of the University System of Georgia, www.usg.edu/policymanual/section4/policy/4.1_general_policy/.

3. Nicole Guidotti-Hernández, "Old Tactics, New South", *Ms. Magazine*, 16 de noviembre de 2011, https://msmagazine.com/2011/11/16/old-tactics-new-sur/.

4. Azadeh Shahshahani, "HB 87 Negatively Impacts Georgia Economy and Reputation", *Jurist*, 18 de mayo de 2012, www.jurist.org/commentary/2012/05/azadeh-shahshahani-georgia-hb87/.

5. Jonathan Lear, *Radical Hope: Ethics in the Face of Cultural Devastation* (Cambridge, MA: Harvard University Press, 2006).

6. bell hooks, "Teaching Community: A Pedagogy of Hope", *Psychology Press* 36 (2003): xiii.

7. Escribí sobre Performing Latinidad en "Bridging Activism and Teaching in Latinx Studies", y en *Critical Dialogues in Latinx Studies: A Reader*, ed. Ana Y. Ramos-Zayas y Mérida M. Rúa (Nueva York: NYU Press, 2021).

8. Me designaron para enseñar estudios Latinx, pero no hay una cátedra de estudios Latinx. En cambio, enseño mis cursos dentro de los departamentos existentes (Romance Languages and Literature, American Studies, etc.).

9. Desde que comencé a dar clases en Harvard, en 2013, hasta mi partida, en

2021, el alumnado se volvió más diverso, particularmente a medida que la administración reforzó su compromiso de admitir estudiantes minoritarias de primera generación. Un efecto accidental de esto ha sido el activismo estudiantil en apoyo a las y las trabajadores de limpieza y de los comedores, a quienes las estudiantes de color de primera generación a menudo perciben como amigas cercanas, o como dijo un estudiante, como "familia".

10. Mathew Rodríguez, "Latino Donald Trump Supporter Says More Mexicans Means a Taco Truck on Every Corner", *Mic*, 2 de septiembre de 2016, www.mic.com/articles/153367/latino-donald-trump-supporter-says-more-mexicans-means-a-taco-truck-on-every-corner#.2DujMnmZJ.

11. El campus de la Universidad de Harvard recibe cientos de turistas semanalmente y hacen fila para tomarse fotos con la estatua de Harvard. Durante la presentación, muchos de ellas se convirtieron en parte de la acción (algunas a sabiendas, otras accidentalmente).

12. Barbara Tomlinson y George Lipsitz, "American Studies as Accompaniment", *American Quarterly* 65, número 1 (marzo de 2013): 1–30.

13. Tomlinson y Lipsitz, "American Studies as Accompaniment", 9–10.

14. La petición, que todavía se puede encontrar en Google Docs a través de PUSH Facebook (https://docs.google.com/forms/d/e/1FAIpQLSemp4Jd77TAlkWzvcc_ dxZSm9sfiEm3lUM2KMqC1IBlyGgx1w/viewform?c=0&w=1&fb-clid=IwAR2Cnf IWXibbb6-OTu3ENb0I1dmtF8sd-pW55Mp65raB0n86_KsbQBnQEImY), declara: "Al admitir estudiantes en riesgo y de comunidades marginadas, Harvard tiene la obligación de proporcionarles a estas miembros de nuestra comunidad una educación equitativa y justa. Esto requiere la creación de espacios y la asignación de recursos que los apoyen y les permitan sobresalir en la Universidad de Harvard y ya como egresadas. Harvard se enorgullece de su diversidad e inclusividad; entonces apoyemos nuestra diversa población en esta hora en que el miedo y la necesidad han aumentado", y enumera una serie de demandas que incluyen un espacio físico, fondos y apoyo de salud mental para estudiantes indocumentadas. Cuatro de les estudiantes matriculades en la clase escribieron un artículo para *Harvard Crimson*, el periódico estudiantil, titulado Pushing Harvard Towards Sanctuary", publicado el 30 de noviembre de 2016, en el que destacan sus demandas y las razones por las que le piden a la universidad la creación de un santuario para sus estudiantes indocumentados, www.thecrimson.com/article/2016/11/30/Harvard-push-respuesta-a-Fausto/. Para obtener más información sobre PUSH o para acceder a su archivo, consulte: https://www.facebook.com/PUSHarvard/.

15. Véase: Stephen Santa-Ramirez, "A Historical Snapshot of Latinx Student

Activism From the 1960s to 1990s: A University Archival Analysis", *Journal of Hispanic Higher Education* (abril de 2021), https://journals.sagepub.com/doi/abs/10.1177/15381927211008681.

16. Carta de un estudiante, curso Black Latinidad, Tufts University, diciembre de 2021.

17. Tomlinson y Lipsitz, "American Studies as Accompaniment".

18. Ver: "Doña Ofelia" en Archives of Justice, https://archivesofjustice.org/.

19. Shapiro desarrolló un sitio web para este proyecto: https://sofiashapiro.wixsite.com/latinaartaustin.

20. Véase: "Yolanda", en Archives of Justice, https://archivesofjustice.org/.

21. Lear, *Radical Hope*, 12.

22. Arturo A. Schomburg, "The Negro Digs Up His Past (1925) ", en *The New Negro: Readings on Race, Representation, and African American Culture* 1938 (1892): 326–29, 326.

23. Cherríe Moraga, "Entering the Lives of Others. A Theory in the Flesh", en *This Bridge Called My Back*, ed. Gloria Anzaldúa y Cherríe Moraga (Nueva York: Kitchen Table, 1981), 21.

4. Examen final: Estudios étnicos como método anticolonial

1. Colleen Flaherty, "White Lies", 4 de septiembre de 2020, www.insidehighered.com/news/2020/09/04/prominent-erudito-outs-ella-self-white-just-she-faced-exposure-claiming-be-black.

2. Lourdes Torres, "Ethnic Studies Matters", *Kalfou: A Journal of Comparative and Relational Ethnic Studies* 7, número 2 (2020): 216.

3. Schomburg, "The Negro Digs Up His Past", 326.

4. Un ejemplo es el caso del estudioso estadounidense Steven Salaita, a quien le retiraron una oferta de trabajo en una posición permanente en Urbana-Champaign, en la Universidad de Illinois, debido a un controversial tweet que Salaita publicó en apoyo al pueblo de Palestina.

5. bell hooks, "Teaching Community".

6. Crispus Attucks (c. 1723–5 de marzo de 1770) posible estadounidense de ascendencia africana esclavizado o un hombre libre de Wampanoag. Fue la primera víctima de la Masacre de Boston y es ampliamente considerada la primera víctima estadounidense en la Guerra de la Revolución Americana.

7. Arturo Schomburg, "Racial Integrity: A Plea for the Establishment of a Chair of Negro History in Our Schools and Colleges", discurso pronunciado en la clase de verano para maestros en el Instituto Cheney, Pensilvania, julio de 1913, 68.

8. Schomburg, "Racial Integrity", 68.

9. Véase Katerina González Seligmann, Raj Chetty y Álex Gil, "War on Ethnic Studies: Ethnic Studies Rising", Erthnic Studies Rise Roundtable, 7 de enero de 2020, https://ethnicrise.github.io/roundtable/war-ethnic-studies.

10. González Seligmann, Chetty y Gil, "War on Ethnic Studies: Ethnic Studies Rising".

11. Schomburg, "The Negro Digs Up His Past", 326–29.

ÍNDICE

Nota: Números de página en cursiva indican fotografías.

abuso, 53, 63–64
Acción Afirmativa (Affirmative Action), 19–20
acompañamiento, concepto de, 79–80, 83–84, 88
activismo, 24, 33, 34, 46–47, 75–83, 102, 103, 108
de la liberación, 83–84
después de la elección de Trump, 78–83
Freedom University (La Universidad de la Libertad) y, 69–71
trabajo académico y, 66
admisiones, diversidad y, 57
Affirmative Action (Acción Afirmativa), 19–20
Ahmed, Sara, 1, 7–8, 10, 32
alianzas, construir, 73
Altar a Santa J.Lo, 74, 75
"anchor baby" (la bebé ancla), discurso de, 89
antinegritud, 53
Anzaldúa, Gloria, 30, 32–33
aprendizaje, 96–97. Ver también enseñanza; pedagogía
aprendizaje colectivo, 87–90, 91–93
Archimedes Digital, 91
"Archives of Justice" (Archivos de Justicia), 91–92

ArteSana, 76
Asian American Political Alliance (Alianza Política Asiática-Americana), 98
Asociación Estadounidense de Profesores Universitarios (American Association of University Professors), 2
Athens, Georgia, 69–71
Australia, 7–8
autenticidad lingüística, 73

Báez, Josefina, 76, 78, 107
Balaguer, Joaquín, xiv
Barker Center, Universidad de Harvard, 14–15
BIPOC (negras, indígenas, y personas de color, según sus siglas en inglés), 28, 55, 60. Ver también estudiantes de color; mujeres de color; profesorado de color
#BlackInTheIvory (Negro En El Marfil), 32
Black Students Union (Unión de Estudiantes Negras), 98
blanquitud, complicidad con, 37–61
boicots, 33, 34, 59, 108
Boone, Sylvia Ardyn, 18

caída del mercado, 2008, 24
cambio social, 92
  activismo y, 84
  creación de, 84
  promulgar, 80
"camiones de taco poético," 76, 77,
  78
campaña presidencial de 2016,
  75–79
Candelario, Ginetta, 30
capitalismo, 31, 48, 84, 103–4
Carty, Linda, 55
Christian, Barbara, 18
ciudadanía, 73
colonialismo, 17, 26–27, 31, 64, 97,
  103–6
  complicidad con, 25, 38–61
  dejar de ser cómplices con el, 60–61
  derivaciones de la, 60
  proyecto de, 17
  reconocimiento de, 33
  titularización y, 47–48
  universidades y, 26–27, 49, 112
  compensación, exigir, 59
complicidad, 17
  con la blanquitud, 37–61
  silencio y, 49–62
comunidad
  como una acción, 58–59
  comunión y, 58–59
  construir, 28–29, 73
"conciencia rayana," 30–31
Conferencia Global de
  Dominicanidades, Universidad
  de Harvard, xvii, xix
confiar mutuamente, 85
conformidad, como otra forma de
  muerte, 64
conocimiento, producción de,
  96–97

contratación, inequidad en las
  prácticas de, 50
"contrataciones de la diversidad," 8
cooperación, 84
Corporación Marriott, 89
COVID-19, pandemia del virus, 41,
  53, 60, 108–14

Dartmouth College, 81, 107
Deferred Action for Childhood
  Arrivals (Consideración
  de Acción Diferida para las
  Llegadas de la Infancia, DACA,
  por sus siglas en inglés), 82
departamentos de lenguas y
  literatura romances, 3–5
derechos civiles, lucha por, 60–61,
  97
descolonización, 48, 58–59, 95–114
desobediencia civil, 81, 102
despertenencia, 9–10, 17, 38–62. Ver
  también pertenencia
diáspora, 111–12
Diaspora Archives (Archivos de la
  diáspora), 88–91
discriminación, 46–48
"diversidad e inclusión," proyecto
  de, 113
  admisiones, 57
  complicidad y, 41, 43, 50–51, 56–57,
  59
  elitismo y, 57
  inequidad y, 57
  La única y, 5–9, 12–13, 18–22,
  26–27, 32–33, 35
  mujeres de color sacrificadas al
  servicio del proyecto de, 45–46
  proyecto neoliberalista de, 101
  supremacía blanca y, 57
"Dominicanidades Globales"

(Global Dominancanidades),
xvii, xix, xix
DREAMers, 70–71. Ver también
LEY DREAM

Economic Justice Coalition
(Coalición de Justicia
Económica), 70
educación occidental, supremacía
blanca y, 97, 101–2, 105, 112,
113
elitismo, 9, 14–15, 18–20, 57, 64
El único, 18. Ver también La única
"encender las antorchas," 107, 110
enseñanza, 87–93, 96–97
como acompañamiento, 63–94
como libertad, 83
enseñar para libertad, 72–73
filosofía de, 72–73
tiempo libre de la, 59
equidad, 93, 113
esclavitud, 17, 31, 49, 60, 92, 104
espacios de libertad, 85–88, 93
espacios seguros, 80–81, 85, 93
"esperanza radical," 68, 92
Estados Unidos
COVID-19 y, 53
esclavitud en, 49
lente del imperio de, 105
racismo en, 66
sexismo en, 66
estudiantes
de primera generación, 113
LGBTQ+, 113
estudiantes de color, 113
admisiones de, 5
de primera generación, 61–62
prejuicios contra, 50–51
proveer tutoría a, 55
estudiantes de color de primera

generación, proveer tutoría
a, 55
estudiantes de primera generación,
54
proveer tutoría a, 55
estudiantes graduadas de primera
generación, 54
estudiantes indocumentadas, 50,
66–71, 81–82, 82, 113
Estudios africanos y
afroamericanos, AAAS según
sus siglas en inglés, 18–19
estudios chicanos, 83
estudios decoloniales, 96
estudios étnicos, 19, 23–24, 27,
43–44, 46, 73, 92. Ver también
campos específicos
como método anticolonial, 95–114
COVID-19 y, 108–14
establecimiento en California, 1968-
1969, 97–98
Harvard y, 18–19, 76, 78, 98–99,
108, 110
identidad y, 99–100
praxis de, 102
sesgo contra, 100–101
estudios latinx, 5–6, 19, 24, 27, 66,
73, 76, 78, 83, 92–93, 107–8,
110
estudios puertorriqueños, 83
eurocentrismo, 64, 95–96
evaluación, confidencialidad en las
estructuras de, 51, 56–57
E-Verify, 67
exclusión, 38–62, 64
experiencias de, 65–66
proceso de, 17
sistemática, 23–24
violencia de, 33
exclusividad, 64. Ver también

elitismo
explotación laboral, 43, 48–49, 53,
     59, 112–13

facultades de humanidades
clima laboral de, 3
titularización y, 29–30
Felber, Garrett, 34
feminismo, 65–66
chicano, 73
poder y, 64
praxis de ser, saber y hacer, 64
Flores Niemann, Yolanda, 9
Foreman, P. Garbrielle, 107–8
Francia, 4
Freedom University (La
     Universidad de la Libertad),
     69–71, 71, 75, 102, 107
Future of Minority Studies
     (Estudios sobre el futuro de las
     minorías), becas de, 55–56

García Peña, Lorgia, xiii xx, 29, 78
Georgia, 24
Junta de Regentes de Georgia, 66, 67
leyes antiinmigrantes en, 66–68
Proyecto de Ley 87 de la Cámera, 67
racismo en, 24
violencia en, 24
Georgia Students for Public Higher
     Education (Estudiantes de
     Georgia para la Educación
     Superior Pública), 70
Georgia Undocumented Youth
     Alliance (Alianza de Jóvenes
     Indocumentadas de Georgia;
     GUYA, por sus siglas en
     inglés), 69–71
González, Carmen G., 9
Gutiérrez, Marco, 76

Gutiérrez y Muhs, Gabriella, 9

Haití, 4, 84
Hannah-Jones, Nikole, 46–47
Harris, Paul, 46
Harvard, John, 76
Hernández, Ramona, 26
heteronormatividad, 64
Hollis, Luke, 91
hooks, bell, 28, 72–73, 103
huelgas estudiantiles, 97–98
Hunter, Thea, 45
Hunter College, 83
huracán Katrina, 84

identidad, 73, 99–100
ignorancia, 46–48
imperialismo, 105–6. Ver también
     colonialismo
inclusión. Ver "diversidad y
     inclusión," proyecto de
incomodidad, 64
inequidad, 57, 60
injusticia, silencio ante la, 49–62
inmigración, leyes antiinmigrantes,
     76
inmigrantes indocumentadas, 41,
     49, 66–71, 89–90. Ver también
     estudiantes indocumentadas
integración racial, 106, 107
intervenciones mediáticas, 81
invisibilidad, 33, 43–44

Jane, 44–45, 59
Jim Crow, 49
John Jay College of Criminal Justice,
     23
Jordan, June, 45
Julia, 63
Junta de Regentes de Georgia, 66, 67

justicia social, 93, 103, 113
justicio social, 83

Kaplan, Betina, 68, 69–71
Kelley, Robin D. G., 22, 31, 32
Kim, Keish, 69, 72
Krug, Jessica, 99

Lafountain-Stokes, Larry, 24
Laguna, Albert, 46
La Peña Gallery (Galería La Peña), 89
Latin American Student Organization (Organización de Estudiantes Latinoamericanas), 98
Latinos for Trump (Latinos con Trump), 75–76
La única, 18, 19, 32–33, 62
decir no a servir como, 59
lógica de, 20–23, 24–27, 28
modelo de, 6–8
ser, 1–36
significado de ser, 30, 35
Lear, Jonathan, 68, 92
leer juntas, 87–88
Ley de Derechos Civiles de 1964, 19
Ley de Exclusión China, 49
LEY DREAM, 68
leyes antiinmigrantes, 66–68
liberación
activismo de la, 83–84
teoría de la, 83–84
libertad, enseñar para, 69–93
libertades académicas, violaciones a las, 102
Lipsitz, George, 79–80, 88
López, Jennifer, 74, 75
Lorde, Audre, 46
Lowe, Lisa, 64

Madrigal-Piña, Gustavo, 70
Maillo-Pozo, Sharina, xvii
Maldonado-Torres, Nelson, 95
Manley, Elizabeth, xvii
María, 41–43, 44, 48–49, 59
Martí, José, 105
métodos anticoloniales, 95–111
miedo, 85
migraciones, 97
"minority tax" (impuesto a las minorías), 40–41
Mohanty, Chandra Talpade, 55
Moïse, Jovenel, 4
Moraga, Cherríe, 29, 30, 92–93
Moreton, Bethany, 68, 69–71
mujeres de color, 17–18, 43–45, 54.
    Ver también profesorado de color
explotación laboral de, 48–49
sacrificadas al servicio del proyecto de diversidad, 45–46
"Muslim travel ban," 49

"una nación sin nación," 111–12
Native American Student Union (Unión de Estudiantes Nativa-Americanas), 98
neoliberalismo, 84, 101, 103
Nueva Orleans, Louisiana, 84

Obama, Barack, 68
Ohito, Esther, 45–46
Operación Wetback (Espalda Mojada), 49
organizaciones, formar, 73
organizaciones no gubernamentales (ONG), 84

Paolos, Medhin, 88–89, 90, 91

Park, Grace, 39–40
patriarcado, 64. Ver también
　　sexismo
pedagogía, 72–73
aprendizaje colectivo, 87–90, 91–93
enseñar en libertad, 69–93
pertenencia, 9–10, 12–13, 17, 47–48,
　　49, 64, 73
Phillippine American Collegiate
　　Endeavor (Esfuerzo
　　Colegiando Filipino-
　　Americano), 98
poblaciones indígenas, perspectivas
　　de, 103–4
poder, problema de, 26–27
poder feminista, 64
prácticos laborales, abusos en,
　　11. Ver también explotación
　　laboral.
praxis de vida, 93
prejuicios, 46–48
profesorado de color, 17–22, 54
compensación de, 112–13
complicidad con la blanquitud y,
　　37–61
contratación de, 112–13
de primera generación, 57–58
explotación laboral, 112–13
prejuicio institucional contra, 47
promoción de, 112–13
próxima generación del, 62
titularización y, 112–13. Ver
　　también titularización.
"progreso," 84
Protect Undocumented Students
　　at Harvard (Protejan a las
　　Estudiantes Indocumentadas
　　en Harvard, PUSH, según sus
　　siglas en inglés), 81–82, 82
proyecto colonizador. Ver

colonialismo
Proyecto de Ley 87 de la Cámera, 67
proyectos grupales, 87–90, 91–92
publicaciones, crear, 73
Puerto Rico, 105

racismo, 9, 14–17, 24, 46–48, 50–51,
　　53–54, 66
rebelión, xv–xvi, 27–35, 108
comunitaria, 32–35
llamado a, xvi–xvii
redes, construir, 73
Reino Unido, 7–8
representación, 73
República Dominicana, xiii–xiv,
　　30–31, 65–66, 90–91
requisitos de cursos, 87–88
revueltas estudiantiles, 97–98
Ríos, Adrián, 89
Rodríguez, Dylan, 110–11

San Francisco State College
　　(Universidad Estatal de
　　Francisco), 98, 110. Ver
　　también Universidad Estatal de
　　San Francisco
Schomburg, Arturo A., 101–2, 103,
　　105–7, 110, 111–12
servicio, 59
sesgo, en el proceso de
　　titularización, 46–48
sexismo, 64, 66
Shapiro, Sofía, 89
Sharpe, Christina, 53
silencio
complicidad y, 49–62
"objetividad" y, 104–5
solidaridad transnacional, 111–12
Southern, Eileen Jackson, 17–18
"the subject position" (la posición

del sujeto), 87, 93
Sudarkasa, Niara, 18
supremacía blanca, 17, 24, 26–27,
    49, 53, 57, 64, 92, 97, 101–2,
    105, 112–13

Temporary Protected Status
    (Estatus de Protección
    Temporal, o TPS por sus siglas
    en inglés), 89–90
teoría de la raza y la etnicidad, 73
teorías fronterizas, 73
teorizar en la carne, 92–93, 104
Third World Liberation Front
    (Frente de Liberación del
    Tercer Mundo), 19, 97–98
titularización, 18, 52–54
humanidades, 29–30
líneas de, 2–3, 26
negación de, 11–12, 14, 39–40, 41,
    43–44, 46–47, 51–52, 102, 108,
    109, 110
proceso de, 6, 12, 19–20, 25, 27, 47
profesorado de color y, 46–48,
    112–13
proyecto colonizador y, 47–48
sesgo en, 46–48
transparencia en torno a, 110
Tomlinson, Barbara, 79–80, 88
Torres, Lourdes, 100
Torres-Saillant, Silvio, 55
trabajadores esenciales de color, 41
trabajo académico
activismo, 66
considerado "activismo," 46–47
cuantificar, 59
visibilidad del, 33, 59
trabajo colectivo, 84
trabajo "invisible," 33
trauma, 85–87, 92

Trejo, Joann, 40
Trump, Donald, 75–76, 78–81
campaña presidencial de 2016,
    75–76
elección de, 78–82, 83

UC Berkeley, 19, 97–98
Universidad de Georgia, 5, 23, 24,
    66, 68, 73, 99, 107
Universidad de Harvard, xvii, xix,
    11–13, 29, 55, 73, 74, 75–83,
    89–90, 99, 107
COVID-19 y, 108–9
departamentos de lenguas y
    literatura romances, 4–5,
    18–19
estudios étnicos en, 18–19, 76, 78,
    98–99, 108, 110
mujeres de color en, 17–18
Protect Undocumented Students
    at Harvard (Protejan a las
    Estudiantes Indocumentadas
    en Harvard, PUSH, según sus
    siglas en inglés), 81–82, 82
racismo en, 14–15
Universidad de la Ciudad de Nueva
    York, 83
Universidad del Estado de
    California en Los Ángeles, 83
Universidad de Michigan, xvii, 18,
    24, 54, 56
Universidad de Mississippi, 34
Universidad de Pensilvania, 81
Universidad de Rutgers, 81, 83
Universidad de Stanford, 110
Universidad de Syracuse, 55–56
Universidad de Tufts, 81, 85–86,
    99, 107
Universidad de Virginia, 46
Universidad de Yale, 46, 83, 110

universidades, 7–8. Ver también
   universidades específicas
Acción Afirmativa (Affirmative
   Action) y, 19–20
colonialismo y, 12, 26–27, 49
construidos por personas
   esclavizadas, 17
descolonización de, 48, 58–59,
   95–114
elitismo en, 9, 14–15
explotación por, 43, 48, 53, 59,
   112–13
ideales, 113
lazos corporativos de, 113
lealtad hacia, 52
proyecto colonizador y, 17, 49, 112
racismo en, 9, 14–17
como "santuarios," 81–82
supremacía blanca y, 26–27, 49, 113
Universidad Estatal de San
   Francisco, 110

violencia
en Georgia, 24
de exclusión, 33
institucional, 11–17, 31–32, 41, 53,
   54, 57–58, 60
poder feminista frente a la, 64
policial, 49
sistemática, 60, 102–3
visibilidad, 33, 59. Ver también
   invisibilidad
Voekel, Pamela, 68, 69–71, 71
"voto latino," 78

Wellesley College, 83
Williams College, 83
Wynter, Sylvia, 64

Yolanda (activista), 90–91
Yolanda, Doña, xiv

SOBRE LOS LIBROS DE HAYMARKET

Haymarket Books es una casa editorial radical, independiente y sin fines de lucro con sede en Chicago. Nuestra misión es publicar libros que contribuyan a las luchas por la justicia social y económica. Nos esforzamos por hacer nuestros libros una parte vibrante y orgánica de los movimientos sociales y de la educación y el desarrollo de una izquierda internacional crítica y comprometida.

Tomamos inspiración y coraje de nuestros homónimas, las mártires del *Haymarket*, que dieron su vida luchando por un mundo mejor. Su lucha de 1886 por una jornada de ocho horas (la cual dio lugar a *May Day*, el día internacional de las trabajadoras) les recuerda a las trabajadoras de todo el mundo que la gente común puede organizarse y luchar por su propia liberación. Estas luchas continúan hoy en todo el mundo: luchas contra la opresión, la explotación, la pobreza y la guerra.

Desde nuestra fundación en 2001, Haymarket Books ha publicado más de quinientos títulos. Radicalmente independientes, buscamos abrir una brecha en el mundo de la aversión al riesgo de la publicación de libros corporativos. Nuestras autoras incluyen a Noam Chomsky, Arundhati Roy, Rebecca Solnit, Angela Y. Davis, Howard Zinn, Amy Goodman, Wallace Shawn, Mike Davis, Winona LaDuke, Ilan Pappé, Richard Wolff, Dave Zirin, Keeanga-Yamahtta Taylor, Nick Turse, Dahr Jamail, David Barsamian, Elizabeth Laird, Amira Hass, Mark Steel, Avi Lewis, Naomi Klein y a Neil Davidson. También somos las editoras comerciales de la aclamada *Historical Materialism Book Series* y de libros de despacho.

TAMBIÉN DISPONIBLES EN HAYMARKET BOOKS:

Abolition. Feminism. Now.
Angela Y. Davis, Gina Dent, Erica R. Meiners y Beth E. Richie

Angela Davis: An Autobiography
Angela Y. Davis

Assata Taught Me: State Violence, Racial Capitalism, and the Movement for Black Lives
Donna Murch

The Billboard
Natalie Y. Moore, prólogo de Imani Perry

From #BlackLivesMatter to Black Liberation (Expanded Edition)
Keeanga-Yamahtta Taylor, prefacio de Angela Y. Davis

Mi María: Surviving the Storm: Voices from Puerto Rico
Editado por Ricia Anne Chansky y Marci Denesiuk

Neoliberalism's War on Higher Education
Henry A. Giroux

The Sentences That Create Us: Crafting A Writer's Life in Prison
PEN America, editado por Caits Meissner, prólogo de Reginald Dwayne Betts

Speaking Out of Place: Getting Our Political Voices Back
David Palumbo-Liu

SOBRE LA AUTORA

Lorgia García Peña es académica de primera generación en Estudios Latinx. La Dra. García Peña es profesora titular en estudios americanos y de negritud en la Universidad de Princeton, y becaria de la Mellon Foundation y la Casey Foundation 2021 Freedom. En el 2022 recibió el prestigioso premio Angela Davis por su trabajo de activismo en la academia. Estudia la negritud y la afrodescendencia global, el colonialismo, la migración y la diáspora con un foco en la latinidad negra. Es cofundadora de Freedom University Georgia y de Archives of Justice (Milán-Boston). Su libro *The Borders of Dominicanidad* (*Las fronteras de la dominicanidad*) ganó el National Women's Studies Association Gloria Anzaldúa Book Prize, en 2017; el premio Isis Duarte Book Award in Haiti and Dominican Studies; y el premio Latino/Latina Studies Book Award, en 2016. Autora de *Translating Blackness* (2022) y coeditora de la serie *Latinx: The Future Is Now*, del Texas University Press. Asimismo, es colaboradora recurrente del *Boycott Times*, *Asterix Journal* y del North American Council on Latin America (Consejo Norteamericano de América Latina – NACLA, por sus siglas en inglés). *La Dra. Lorgia García Peña es una dura* (nota y énfasis de la traductora).

Printed in the USA
CPSIA information can be obtained
at www.ICGtesting.com
JSHW011125250823
47060JS00002B/2

9 781642 599862